VUES

DES

PRINCIPAUX PORTS

ET RADES

DU ROYAUME DE FRANCE ET DE SES COLONIES,

DESSINÉES PAR OZANNE,

ET GRAVÉES PAR GOUAZ,

Avec un texte descriptif, géographique et statistique,

PAR N. PONCE.

A PARIS,

Chez BANCÉ aîné, Md. d'Estampes, rue Saint-Denis, N°. 214.

1819.

N°1.   Pag.

ANGLETERRE

LA MANCHE

ESPAGNE

MER MÉDITERRANÉE.

Golfe de Lyon

CARTE
dressée pour la Collection
DES PORTS DE FRANCE
Gravée d'après les Dessins de N. Ozanne

On a joint à cette Collection,
pour la rendre plus complette,
diverses Vues des Ports des Colonies.

EXPLICATION
DES SIGNES

ISLE DE CORSE

Liste des Ports, gravés dans cette Collection
dans l'ordre où on les trouve en parcourant
l'Isle du nord au sud, sur la Manche et
l'Océan, et de l'ouest à l'est sur la Méditerranée.

N°.	Noms des Ports	N°.	Noms des Ports
1	Dunkerque	41	Vannes
2	Calais	42	Belle Isle
3	Boulogne	43	Le Croisic
4	St Valery sur Somme	44	Nantes
5	Mon. vu de Chantier	45	St. vu de l'Hermitage
6	Dieppe	46	St. vu de l'Hermitage
7	St. vu de St Quai	47	Paimbœuf
8	St. vu de la Falaise	48	Les Sables d'Olonne
9	St Valery en Caux	49	St. Martin de Ré
10	Fécamp	50	La Flote Isle de Ré
11	Le Havre	51	La Rochelle
12	St. vu du Bassin	52	Rochefort
13	Rouen	53	Marans
14	St. vu St P. de la Croix	54	Bordeaux
15	St. vu droit Adeleine	55	St. vu de St. Tropez
16	Honfleur	56	St. vu de la Rive droite
17	St. le Port vieux	57	Bayonne
18	Caen	58	St Jean de Luz
19	Cherbourg	59	Port l'Endroit
20	St. vu de la Prairie	60	Cette
21	St. vu de la Rade	61	Marseille
22	Granville	62	St. vu de l'Arsenal
23	St. vu du Port	63	St. vu de la Rade
24	St Malo	64	La Ciotat
25	St. vu de la Rade	65	Toulon
26	St Servan	66	St. vu du Port vieux
27	Morlaix	67	St. vu de la Rade
28	St. vu de la g° Place	68	Antibes
29	Roscoff	69	Bastia
30	Brest	70	St. vu de la Côte du sud
31	St. vu de la Côte du sud	71	Basse terre Guadeloup
32	St. vu du Chenal	72	Fort St Martinique
33	St. vu de la Rade	73	Fort St Pierre colon
34	Landerneau	74	Le Vol de S. colon
35	Camaret	75	La Fosse S Dom. colon
36	L'Orient	76	Le Cap françois Colon
37	St. vu de Cambran	77	Mole St Nicolas col.
38	St. vu de la Baye	78	Port au Prince. col
39	Port Louis	79	Les Cayes. colon
40	Auray	80	St. vu de la Rivière

AVERTISSEMENT.

Les dessins originaux de l'intéressante collection que nous publions aujourd'hui dans son entier, avaient été faits par ordre de Sa Majesté Louis XVI. Ce prince éclairé, fort instruit dans la géographie et sur-tout dans l'hydrographie, recueillait avec un soin particulier tout ce qui avait quelque rapport avec cette dernière science. Occupé long-temps de la restauration de la Marine, tout ce qui le ramenait à cette étude chérie, avait des attraits pour lui. Il l'avait mise sur un pied si respectable, qu'à la fin du dernier siècle, nous avons vu la marine française rivaliser avec succès la puissance navale de l'Angleterre, et même venir braver ses flottes jusques devant ses ports.

M. Ozanne, qui a dessiné toutes ces vues, est connu par le soin et la vérité qu'il sait mettre dans toutes ses productions. Ingénieur de la marine, et par conséquent très-instruit dans tout ce qui concerne l'art nautique, on peut compter sur l'exactitude qu'il a mise jusques dans les plus petits détails. M. Gouaz, connu aussi par la légèreté de son burin, a mis tous ses soins à l'exécution des gravures. Ces vues réunissent à-la-fois l'aspect des établissemens importans qui se rencontrent dans chaque port, ainsi que celui de leurs sites pittoresques.

L'ordre que nous avons établi dans la classification de cet ouvrage, et qui nous a paru le plus naturel, est de suivre la direction du Nord au Midi. Par conséquent, le port de Dunkerque se trouve le premier, et celui de Saint-Jean-de-Luz le dernier des côtes de l'Océan. Dans la Méditerranée, nous commençons par le port Vendres, et nous finissons par celui de Bastia. Pour ceux des Antilles, nous plaçons en tête les îles du Vent, et l'ouvrage est terminé par celles situées sous le Vent. Quoique l'île de la Grenade et celle de Saint-Domingue ne soient plus sous la domination française, cependant, le souvenir de ces colonies se rattache à tant de faits glorieux pour nos armes et intéressans pour le commerce français, que nous avons cru devoir joindre à ce recueil les ports et rades qui les concernent.

Nous avons également pensé que, pour donner à cet ouvrage tout l'intérêt dont il est susceptible, il serait utile de l'accompagner d'un texte descriptif, historique, et en quelque sorte statistique, lequel mettrait le public à portée de juger de l'importance de chacun de ces ports, sous le double rapport militaire et commercial. Ces descriptions quoique succinctes, donneront une idée des établissemens publics, des monumens, des antiquités, des manufactures, et de la nature du commerce des villes comprises dans ce recueil. Quelques notes sur les grands hommes qui y sont nés, y trouveront aussi leur place. Enfin, nous avons eu pour but d'augmenter, au moyen de ce texte, le vif intérêt que ces dessins ont inspiré aux amateurs.

Cet ouvrage, nouveau en son genre, deviendra utile aux négocians ainsi qu'aux marins. Les voyageurs que le goût du commerce, de la navigation, ou même la simple curiosité, portent à parcourir les divers ports de la France, y trouveront, non-seulement un guide, mais encore un sûr moyen de se rappeler, à toutes les époques de la vie, les objets qui ont pu les intéresser.

La plus grande difficulté que nous ayons éprouvée dans l'exécution de cet ouvrage, pour le rendre digne de fixer l'attention du public, est celle de nous procurer des matériaux assez nouveaux et assez exacts pour nous servir de guides. La révolution ayant opéré en peu d'années, de grands changemens, sur-tout dans les monumens, ainsi que dans les administrations, les tribunaux et les autres établissemens civils, nous n'avons pu mettre à contribution les anciens auteurs. Indépendamment de nos ressources particulières, nous nous sommes procuré, quand nous l'avons pu, les statistiques de MM. les Préfets. L'excellent ouvrage de M. Vaysse, qui a vu tout ce qu'il décrit, (1) nous a souvent guidé, lorsque nous avons été assez heureux pour nous trouver sur sa route. Il en a été de même de celui de M. Peuchet, de ceux de M. Noel, Cambry, et de plusieurs autres. Nous serons amplement dédommagés de nos recherches, si le public daigne accueillir notre travail avec indulgence. Ce sera le prix le plus flatteur que nous osions espérer.

---

(1) Itinéraire descriptif, ou Description routière de la France et de l'Italie.

ENTRÉE DU PORT DE DUNKERQUE

Vu de la Rade.

DUNKERQUE.

Dunkerque, *Dunkerken*, *Dünkirchen*, *Dunkerca*, *Dunikerca*, *Dunckerca*, est situé dans le département du Nord, et dans la partie la plus étroite du canal de la Manche. Son nom lui vient, dit-on, de sa position au milieu des dunes, et d'une petite église, qu'au septième siècle saint Eloi premier apôtre des Flamands, fit bâtir près d'un hameau habité par des pécheurs, sur l'emplacement que cette ville occupe aujourd'hui, *kerque* signifiant église dans la langue flamande. Beaudouin le jeune, comte de Flandres, ayant trouvé la position de ce hameau favorable, y fit bâtir une petite ville, vers l'an 960. La commodité de son port et sa situation avantageuse pour le commerce, la rendirent florissante en peu de temps.

Dès le douzième siècle, les Dunkerquois se trouvèrent en état de construire et d'armer une escadre, qui combattit les pirates normands avec succès. Les services qu'ils rendirent en cette occasion, leur firent obtenir de grands priviléges de Philippe, comte de Flandres. Dans le treizième siècle, Dunkerque fut vendu à Godefroy de Condé, évêque de Cambray, qui l'augmenta considérablement, et fit faire beaucoup de travaux à son port. En 1288, ses héritiers le vendirent à Guy, comte de Flandres. Le fils de ce dernier, Robert de Béthune, l'ayant donné en apanage à titre de seigneurie particulière à Robert de Cassel son fils, celui-ci y fit bâtir un château en 1322, lequel fut démoli par les révoltés. Yolande, sa fille, l'apporta en dot, en 1343, à Henri IV, comte de Bar. En 1395, cette princesse le céda avec quelques villages voisins, à son petit-fils Robert comte de Marle, lequel y fit construire, en 1400, une nouvelle enceinte dont on aperçoit encore quelques vestiges du côté du port.

De la maison de Bar, cette ville passa par alliance, en 1435, à celle de Luxembourg, et de celle-ci à celle de Bourbon, par le mariage contracté en 1487 entre Marie de Luxembourg et François de Bourbon, comte de Vendôme. La suzeraineté appartenant à la maison d'Autriche, Charles-Quint y fit bâtir, en 1538, un château qui n'existe plus aujourd'hui.

Cette ville fut brûlée par les Anglais, en 1388. En 1558, le maréchal de Thermes la reprit sur les Anglais, qui s'en étaient emparé : elle fut cédée à l'Espagne, en 1559, par le traité de Cateau-Cambrésis. Antoine de Bourbon, Roi de Navarre, petit-fils, et par conséquent héritier de Marie de Luxembourg, s'en fit investir par Philippe II, Roi d'Espagne et Comte de Flandres. Dunkerque étant retourné à l'Espagne, le duc d'Enghuien s'en empara, en 1646, malgré la vigoureuse défense du marquis de Leyde, qui en était gouverneur. Les Espagnols l'ayant repris, le maréchal de Turenne en fit la conquête en 1658, après la célèbre bataille des dunes.

Cette ville fut remise aux Anglais la même année, suivant la convention faite entre Louis XIV et Cromwel. Mais, quatre ans après, le protecteur étant mort, Charles II la vendit à la France une somme de cinq millions; dans cette vente furent compris Mardyck et un territoire assez considérable. Depuis cette époque, Dunkerque est resté à la France. Lors de la visite que Louis XIV fit de ses fortifications, peu de temps après cette acquisition, ce prince y fit faire des travaux considérables. Trente mille ouvriers y furent employés en 1671. Des ouvrages de tous genres furent élevés, tant du côté de la terre que du côté de la mer. Les dunes qui dominaient la place furent aplanies, la citadelle fut perfectionnée, le fort Louis terminé. Pour agrandir le port et le rendre susceptible de recevoir des vaisseaux de ligne, on coupa un banc de sable de cinq ou six cents toises. Au lieu du canal de Mardyck, comblé sans cesse par les sables, on en creusa un nouveau, formé par deux jetées en pleine mer, longues de mille toises chacune, éloignées l'une de l'autre d'environ quarante, défendues à leur tête par deux forts de charpente, l'un nommé le Château vert, et l'autre le Château de bonne espérance, sur lesquels on pouvait placer cinquante pièces de canon. A côté des jetées, vers la ville, on avait construit en maçonnerie deux forts ou rysbans : l'ancien placé à l'ouest avait quarante-six canons en batterie; le second, moins grand, construit en 1701, complettait la défense des jetées, avec deux autres, le Château-Gaillard et le Cornichon, ou la batterie de revers. Ensuite venait le port et un bassin, qu'on avait creusé, et qui pouvait tenir un bon nombre de vaisseaux de guerre.

Dunkerque était fortifié à la manière du chevalier de Ville; flanqué de dix grands bastions entourés de dix demi-lunes et d'un large fossé. Du côté de la campagne on avait construit un faubourg pour loger les matelots, des casernes magnifiques, une corderie, un arsenal de marine, de belles écluses, etc. La citadelle, située à l'ouest et au-delà du port, formait une espèce de pentagone irrégulier. Plusieurs cavaliers, les uns au-dessus des autres, défendaient la rade, qui est belle et sure.

Dunkerque, qui a deux mille six cents quatre-vingt-onze toises de circuit, sans y comprendre la basse ville, était l'une des plus fortes place de l'Europe : elle était populeuse et commerçante. Avant la paix d'Utrecht, on comptait dans la ville seule vingt-six mille habitans. La basse ville, la citadelle et les rysbans en contenaient au-delà de seize mille. Mais cette paix si désastreuse, conclue le 11 avril 1713, par laquelle

Louis XIV se vit forcé de détruire toutes les fortifications de cette ville, de combler son port, d'en ruiner les digues, les écluses, et de s'engager en outre à ne jamais les rétablir, la ruina de fond en comble, et réduisit sa population de plus de moitié. Cette humiliante clause, renouvelée à tous les traités pendant plus d'un demi-siècle, et exigée avec indécence même, par un commissaire anglais résidant à Dunkerque, et payé par la France, est une des principales causes qui aigrit les Français contre la nation anglaise, et détermina le gouvernement à contribuer aussi efficacement qu'il l'a fait à l'indépendance des États-Unis d'Amérique. Cet événement prouve combien il est dangereux et même impolitique, quelqu'avantage qu'on puisse avoir sur un ennemi, d'en abuser, et d'exiger de lui des choses qui compromettent sa dignité nationale.

Les chances de la guerre d'Amérique ayant été glorieuses pour la France, Dunkerque obtint son émancipation par le traité de 1783; de nouvelles fortifications, la plupart construites avec le sable des dunes, consolidées avec des mottes de gazons, furent reconstruites. Sans être aussi fortes, à beaucoup près, qu'elles l'étaient au commencement du dernier siècle, ces faibles remparts arrêtèrent cependant l'armée anglaise, qui vint en former le siège en 1793. Ce fut les 8 et 9 septembre que la ville fut délivrée, par la victoire que le général Houchard remporta sur les assiégeans à Houdschoote.

Le nouveau port est assez beau, il est grand : c'est un large canal qui n'est plein que pendant les hautes marées. Il y a deux bassins de constructions, l'un desquels se prolonge entre deux longs bâtimens parallèles, dont le premier est le magasin et le logement des matelots, et l'autre la corderie. La rade de Dunkerque est une des plus belles de l'Europe. La guerre longue et sanglante de la révolution a resserré beaucoup le commerce de cette ville, qui s'est vu réduit pendant long-temps au cabotage, à la pêche, et à quelques armemens en course.

Aujourd'hui tout est changé de face, la paix ramène le commerce, par conséquent l'abondance et la population. Dunkerque est l'un des ports de France le plus fréquenté : toutes les branches d'importations et d'exportations, ainsi que la pêche du hareng, contribuent à son activité. Celle de la baleine seule, cette pépinière de bons matelots, a occupé en 1790 cinquante-quatre navires. Sa population se monte présentement environ à vingt-cinq mille ames : elle en avait à peine dix mille il y a cinq ans.

Cette ville est bien percée et régulièrement bâtie; les rues sont assez spacieuses; les maisons en général n'ont qu'un étage : celles, en petit nombre, qui en ont deux, sont décorées d'un fronton élégant. La place Dauphine est un carré long, planté d'arbres. Le milieu est orné du buste du célèbre marin Jean-Bart, qui naquit à Dunkerque en 1651, et prit souvent les rives voisines de cette ville pour le théâtre de sa gloire. D'autres marins célèbres, tels que Jacobsen, Delille, Royer, Vanslabe, avaient pris naissance dans cette ville. La place du Champ-de-Mars, d'une forme carrée, est belle et vaste. Si les façades des maisons ne sont pas très-régulières, au moins elles sont agréables, et percées de grandes croisées assez également espacées. Le seul édifice remarquable qu'on rencontre dans cette ville, est l'église de Saint-Eloi. Son portail, bâti par l'architecte Louis, dans la forme de celui du Panthéon, est orné de dix colonnes d'ordre corinthien, couronnées par un grand fronton dans le style grec. On pourrait peut-être citer aussi son Hôtel-de-Ville.

Dunkerque est le siége d'une sous-préfecture, d'un tribunal de première instance et d'un tribunal de commerce; il y avait aussi une préfecture maritime, qui, depuis, a été transférée à Boulogne. Avant la révolution, cette ville était la résidence d'un intendant de la marine. On fabrique à Dunkerque de l'amidon, de l'eau-de-vie : cette ville avait aussi, avant le rétablissement de la régie, diverses manufactures de tabacs, lesquelles, aujourd'hui, sont toutes anéanties. Il s'y tient deux foires par an, qui commencent, l'une le 20 juin, et l'autre le 22 septembre.

N. Ozanne del.

P. le Gens f.

LE PORT DE CALAIS.

Vu de la Jettée de l'Est.

CALAIS.

Calais, *Calesium*, ville située dans le département du Pas-de-Calais et dans la partie du détroit qui joint la mer du Nord à la Manche, est divisée en haute et basse, malgré qu'elles soient toutes deux sur un terrain à-peu-près du même niveau. Cette ville, et sa citadelle, sont assez bien fortifiées. Les rues sont larges et bien alignées; les maisons régulièrement bâties en briques jaunes, recouvertes de chaux ou de mortier. La tour du Guet, qu'on dit avoir été construite par les Romains, n'offre cependant pas le caractère de l'architecture antique. La place d'armes est assez spacieuse; elle est bordée de bâtimens d'une construction moderne, parmi lesquels on remarque l'Hôtel-de-Ville, qui conserve la nacelle aérienne dans laquelle l'aéronaute Blanchard franchit le canal.

L'église paroissiale se distingue par son maître-autel exécuté en marbre d'Italie, et orné de dix-huit statues., provenant d'un bâtiment génois, naufragé sur cette côté au commencement du dix-septième siècle. Son clocher a été bâti, dit-on, par les Anglais. On attribue à Vandyck le tableau du maître-autel. Cette ville étant très-fréquentée par les étrangers, sur-tout par les Anglais, on y trouve d'excellentes auberges. Calais renferme une salle de spectacle, des bains publics, et un superbe jardin.

Les remparts de la ville sont plantés d'arbres, qui forment une très-belle promenade, moins fréquentée cependant que celles qui offrent l'aspect de la mer, comme la longue jetée qui règne sur la droite du port, d'où, quand il fait beau, on peut apercevoir le château de Douvres. La première moitié de cette jetée est en pierre de taille, et le reste en bois : cette dernière partie est très-étroite. Une autre jetée, parallèle à la précédente, s'avance dans la mer de l'autre côté du port. A chaque bout de cette jetée est un fort, dont le dernier est fondé sur une charpente très-compliquée, et sans doute très-solide, puisqu'elle résiste à l'impétuosité des vagues. On vient d'élever un nouveau quai, à l'ouest du bassin du port de cette ville. Ce quai, terminé précisément à l'époque de l'évacuation de la France par les armées alliées, a servi à l'embarquement des troupes anglaises en novembre 1818, ce qui lui a fait donner le nom de *Quai de la Libération*. Le port de Calais, inactif depuis la révolution, a repris son ancienne importance depuis 1814. De tous côtés on s'occupe de la construction des vaisseaux, et du radoub de ceux qui étaient ensevelis dans la vase.

Autant les ports militaires sont en activité pendant la guerre, autant ceux qui ne sont que commerçans ont besoin de la paix pour retrouver leur splendeur et leur prospérité : celui de Calais est dans ce dernier cas. Outre les avantages que procure à cette ville le fréquent passage des Anglais qui viennent en France, vont en Allemagne ou en Italie, et celui des Français et des étrangers qui vont en Angleterre ; elle fait un commerce assez considérable en bois du Nord, en vins et eaux-de-vie de France et d'Espagne, ainsi qu'en poissons, principalement en hareng. Elle a trois foires par an, qui durent huit jours, savoir le 7 janvier, le 15 mai et le 9 octobre. Il se fait dans cette dernière un commerce assez étendu en chevaux et poulains. On ne trouve point dans cette ville de fontaines publiques, mais seulement des citernes.

Une chose qui paraîtra singulière, c'est qu'on rencontre à Calais beaucoup d'Anglais et d'Anglaises, qui viennent y faire emplette de faïences et de verres de nos manufactures, tandis que nous nous empressons de rechercher celles de leurs fabriques. La population de cette ville monte aujourd'hui à-peu-près à neuf mille âmes. On y trouve une sous-préfecture et un tribunal de commerce.

Les Calaisiens éprouvèrent plusieurs sièges, entr'autres, en 1347, après la funeste journée de Crécy. Cette ville fut prise à cette époque par Edouard III, Roi d'Angleterre, après une vigoureuse défense qui dura onze mois. Ce prince, irrité de la longue résistance des assiégés, ne voulut point les recevoir à composition, lorsque la famine et non les armes des Anglais, les força de se rendre. Il exigea que six habitans de la ville vinssent, la corde au cou, lui en apporter les clefs, et subissent ensuite le supplice de la potence. Eustache Saint-Pierre, Jean d'Aire, Jacques et Pierre de Wissant, et deux autres citoyens, dont l'histoire n'a pas conservé les noms, s'étant empressés de se sacrifier, Edouard, fléchi par les larmes de son épouse, leur accorda la vie. C'est cet épisode que Dubelloy a choisi pour sa tragédie du Siège de Calais, qui obtint tant de succès en 1765 : une inscription marque encore aujourd'hui la maison du premier de ces vertueux citoyens.

Calais resta au pouvoir des Anglais jusqu'en 1558, c'est-à-dire, pendant deux cent onze ans, époque à laquelle elle fut reprise par le duc de Guise sous Henri II. En 1596, les Espagnols, commandés par l'archiduc Albert, s'en emparèrent, et la rendirent deux ans après, par le traité de Vervins. Elle fut bombardée par les Anglais en 1694, 1695 et 1696, sans avoir éprouvé un grand dommage.

Calais n'était qu'un village lorsque le fils de Philippe-Auguste le fit fermer de murailles. Le trajet de mer jusqu'à Douvres est de sept lieues : il dure ordinairement de trois à quatre heures. Ce passage est plus court d'une lieue que celui de Boulogne ; il a aussi l'avantage qu'on peut s'y embarquer ou y débarquer par tous les airs de vent, et par toutes les marées.

Calais est la patrie de Georges Maréchal, habile chirurgien, et celle de Laplace, premier traducteur du théâtre anglais.

LE PORT DE BOULOGNE.

Vu de la Jettée du Pidou.

BOULOGNE.

BOULOGNE, *Bononia*, jadis *Gesoriacum* ou *Gisoriacum*, est situé dans le département du Pas-de-Calais. Le père Montfaucon place, dans cette ville, le trait de folie
attribué à l'empereur Caligula, celui d'avoir fait ramasser à ses soldats des coquillages,
en leur disant que c'était pour orner le Capitole des dépouilles de l'Océan. Boulogne se divise en haute et basse ville, toutes deux bien percées et assez bien
bâties, sur-tout la seconde. Une grande rue conduit au port, formé par l'embouchure de la petite rivière de Liane, qui n'a qu'un filet d'eau à l'époque du reflux.
Ce port, dont le fond est vaseux, laisse les navires à sec pendant la basse marée ; il
a été agrandi lors du projet gigantesque qui en avait fait le point principal du
départ de l'armement destiné à une descente en Angleterre. A cette époque, il a
été construit deux larges bassins, où les vaisseaux sont toujours à flot. Aujourd'hui,
l'un de ces bassins est superflu, ainsi qu'un grand nombre de constructions, qui
avaient été faites pour cette circonstance éphémère.

La population de Boulogne est d'environ douze mille habitans. La ville basse,
où le port est situé, renfermant toute l'activité du commerce, en contient les trois
quarts. La ville haute est presque entièrement peuplée de nobles et de rentiers :
placée sur une butte qui domine la ville basse, elle est dominée elle-même par des
collines qui l'environnent du côté de la terre. Son circuit est peu étendu, on peut
le parcourir à-peu-près en douze minutes, sur un rempart très-agréable par sa vue,
l'ombrage qu'il procure, et le bon air qu'on y respire ; lorsqu'il est pur, on découvre
parfaitement de cette promenade les côtes d'Angleterre. Cette vue est encore
plus belle du haut du plateau, situé entre la mer et les deux parties de la ville.

A l'époque du camp, on en avait établi un sur ce plateau, et le port de Boulogne était devenu un port militaire important. Indépendamment des chaloupes
canonnières et des bateaux plats, qui y arrivaient de toutes les rivières et de toutes
les villes maritimes de France, malgré les croisières anglaises, on y avait établi
des chantiers sur tous les points. La côte, depuis Dunkerque jusques bien au-dessous
de Boulogne, était tellement hérissée de canons, qu'on lui avait donné le nom
de la Côte de Fer.

Ce fut devant cette côte que le célèbre Nelson éprouva un échec, d'autant plus sensible, qu'il n'avait pas moins de présomption que d'habileté. Ce fut vainement qu'il attaqua les 5 et 15 août 1803, l'amiral Latouche, qui s'y était embossé avec ses chaloupes canonnières. Aux deux forts qui existaient autrefois, on en a ajouté deux autres. Celui élevé en bois au milieu de la rade a une longue jetée, construite à l'entrée du port ; il y en a une seconde de l'autre côté. Boulogne a beaucoup gagné, comme ville maritime, autant par l'amélioration de son port, que pour la sûreté de sa rade. Son commerce principal consiste en poissons frais et salés, en maquereaux, harengs, grains, charbon de terre, vins et eaux-de-vie, cuir d'Irlande, etc.

Après Calais, c'est de Boulogne que le passage en Angleterre est le plus court et le plus facile, il abrège même la route. Cette ville a deux sous-préfectures, l'une civile et l'autre maritime, ainsi qu'un tribunal de commerce : il s'y tient deux foires par an, l'une de huit jours, commençant le 8 juillet, et l'autre de dix-huit, qui commence le jour de la Saint-Martin.

Cette ville, assiégée par Constance Chlore, fut saccagée par les Normands. Henri VIII, roi d'Angleterre, l'assiégea et la prit en 1544. Vervins, qui en était gouverneur, et qui l'avait mal défendue, eut depuis la tête tranchée. Edouard VI, successeur d'Henri VIII, rendit cette place à Henri II, en 1550, moyennant quatre cent mille écus. Elle a conservé long-temps un précieux reste de son antiquité, c'était la tour d'ordre, dont le nom dérivait de *turris ardens*, à cause d'un fanal qui brûlait sans cesse à son sommet. Le temps et les élémens, qui détruisent tout, n'en ont laissé aucun vestige, hors la place qu'elle occupait.

Boulogne est la patrie du fameux capitaine Thurot, qui, en 1760, avec cinq frégates et douze cents hommes de débarquement, tint en allarme toutes les côtes des trois royaumes pendant plusieurs mois, s'empara de Carekfergus en Irlande, et fut tué à son retour dans un combat qu'il livra sur ces mêmes côtes. Cette ville a aussi donné naissance au père Michel le Quien, de l'ordre de Saint-Dominique, auteur de divers ouvrages érudits, en grec, en latin et en français.

Ozanne del

Y. le Gouaz Sculp

LE PORT DE S.^T VALERY SUR SOMME.

Vu de la Plage du côté de la Ville.

Ozanne del. J. le Gouaz Sculp.

LE PORT DE St VALERY SUR SOMME.

Vue du côté du Chantier des Constructions.

SAINT-VALÉRY SUR SOMME.

LA ville de Saint-Valéry, *Oppidum Valerici*, située à l'embouchure de la Somme, dans le département de ce nom, à quatre lieues au-dessous d'Abbeville, doit son origine à une abbaye de Bénédictins fondée par ce saint, vers l'an 613, dans le lieu qu'elle occupe aujourd'hui. L'entrée de la rivière est extrêmement dangereuse à cause des bancs de sables, mobiles comme les vents, qui l'obstruent ; c'est pourquoi il est nécessaire d'avoir de bons pilotes pour y attérer. La pleine mer fait monter l'eau de trois brasses à la pointe de Hourdel, et de deux brasses et demie au Crotoy, mais elle ne monte que de deux à Saint-Valéry. Néanmoins cette ville fait un commerce assez considérable, relativement à son étendue et à sa population, qui n'est que de quatre mille âmes.

Abbeville et Amiens, comme villes commerçantes et manufacturières, situées sur la même rivière, rendent son commerce assez actif, sur-tout à cause de la facilité des transports. On a vu des vaisseaux hollandais ne mettre que vingt-quatre heures pour venir de leurs ports à celui de Saint-Valéry. Il se fait dans cette ville un commerce assez étendu en denrées des îles, en cidre, eau-de-vie, beurre, laines, harengs, morues, charbon de terre, épiceries, savon, plomb, etc. On fabrique, dans ses environs, des draps, des camelots et autres étoffes. La pêche occupe aussi une grande partie de ses habitans. L'ancien et riche monastère nommé autrefois *Leuconaus*, avait tellement souffert lors des excursions des pirates du nord, que les moines avaient pris à leurs gages plusieurs chevaliers pour les défendre. Ceux-ci, oubliant leurs engagemens, ne tardèrent pas à se rendre indépendans et à devenir propriétaires, sous les noms de barons et de marquis. Plusieurs maisons de Picardie tirent leur origine de ces chevaliers.

par C. Pernot

B.N.

Dessiné par V. le Vasseur

LA VILLE ET LE PORT DE DIEPPE.

Vu du Coteau de S.t Bonteville

DIEPPE.

DIEPPE, *Deppa*, *Dieppa*, situé dans le département de la Seine-Inférieure, n'était à son origine qu'un chétif assemblage de quelques cabanes de pêcheurs réunies à l'embouchure de la rivière d'Arques. La partie du sol dans lequel le port est creusé, n'offrait que des marais inondés deux fois par jour. Si Dieppe dut son origine à des pêcheurs, il leur dut aussi sa prospérité. Dès l'année 1030 on y pêchait le hareng. La pêche du maquereau remonte au douzième siècle ; dès l'année 1110, on y salait ce poisson ; celle de la morue n'est pas aussi ancienne. C'est à un Dieppois, nommé Ferrand, qu'on attribue communément l'honneur d'avoir introduit en France la méthode de la sécher : on pêche aussi à Dieppe la raie, la sole, la plie, le tumbe, le turbot, l'esturgeon, le rouget, le saumon, et beaucoup d'autres poissons. Mais, de toutes ces différentes pêches, celle du hareng est la plus avantageuse, puisque l'on compte qu'elle a produit à cette ville, en 1787, près de 3,000,000, écus.

Outre la pêche et le commerce de poissons, Dieppe avait encore beaucoup de fabriques de draps et de serges. Il existe relativement aux premières, une ordonnance qui date de 1358. Les dentelles faisaient encore une branche de commerce assez considérable pour les Dieppois : ils rivalisaient en ce genre, avec les habitans de Caen et ceux d'Argentan, mais la versatilité des modes a détruit presqu'entièrement cette branche d'industrie. Il s'y fait encore aujourd'hui un commerce d'ouvrages très-délicats, travaillés en ivoire, lesquels jouissent d'une grande réputation. Les environs de Dieppe étaient autrefois remplis de salines. Il existe, sur cet objet, une infinité d'actes, chartes, tarifs de droits, franchises, concessions, etc., d'une très-grande antiquité. (1)

Aussi entreprenans qu'ils sont industrieux, les Dieppois se sont distingués par les découvertes et les voyages lointains. Dès 1365, ils naviguaient au-delà du

---

(1) Gal. Christ. XI, Inst. cap. 5.

Chartier de l'arch. de Rouen, relat. aux droits qu'il percevait à Dieppe, en 1396. 216, 324, 854.

Tropique : les côtes d'Afrique voisines de la ligne virent flotter leur pavillon l'un des premiers. Ils s'établirent sur le Niger, à Rufisque, sur les rivières de Gambie et de Sierra-Liona, et à la côte de Malaniguette, où ils construisirent les forts de Paris et du petit Dieppe. Les Dieppois portaient dans ces contrées du vin, du sel, des étoffes de leurs manufactures, de la coutellerie, des harengs saurs, etc. Ils rapportaient, en échange, de la gomme, du poivre, de la poudre d'or, de l'ivoire, etc. La découverte de la Guinée, faite par les Dieppois, en 1365, a précédé de plus d'un siècle l'expédition de Vasco de Gama dans l'Inde. Leurs établissemens sur la côte d'Afrique ne sont pas les seules découvertes qui les illustrèrent : on leur attribue presque généralem. découverte du Canada, faite par Auber et Verazan. En 1520, les frères Parmentier découvrirent l'île de Fernambouc. Les capitaines Roussel et Guérard arborèrent le pavillon français sur la côte de Maragnon en Amérique, bien avant que les Espagnols s'y fussent établis. Ce fut encore Ribaud, célèbre navigateur dieppois, qui le premier aborda dans la Floride, et donna les noms à la plupart des baies, des caps et des rivières qui s'y rencontrent. L'histoire a recueilli celui de Dumesnil, qui, le siècle dernier, parcourut, la sonde à la main, la côte de Malabar, et concourut à la perfection de l'hydrographie.

Aussi intrépides que bons navigateurs, les Dieppois se sont autant distingués par leurs faits d'armes que par leurs découvertes. Ango, riche armateur, dont la réputation s'étendait jusque dans l'Inde, apprenant que l'un de ses navires avait été pillé par les Portugais, arme une flotille sur laquelle il embarque huit cents hommes intrépides comme lui, ravage les côtes de ce royaume, et se rembarque. Le roi de Portugal, irrité, envoie un ambassadeur à François Ier., pour obtenir satisfaction de cette insulte. Ce prince, plein d'estime pour Ango, lui renvoie l'ambassadeur, qui est obligé de traiter avec lui pour son souverain, d'égal à égal. L'on vit, en 1555, les Dieppois armer une escadre de dix-huit voiles, pour intercepter un riche convoi de munitions et d'armes, que les Espagnols envoyaient dans les ports des Pays-Bas, afin d'y ravitailler leur armée. Après un combat, l'un des plus terribles dont l'histoire fasse mention, les Dieppois rentrèrent dans leurs ports en triomphe, ramenant avec eux cinq bâtimens ennemis et mille prisonniers, sauvés la plupart de l'incendie qui avait dévoré douze de leurs navires. Dans ce combat célèbre, qui coûta aussi beaucoup de monde aux vainqueurs, on regretta sur-tout le brave d'Epineville, connu par son rare courage. Parmi les Flibustiers, Pierre-le-Grand, marin, né à Dieppe, a conservé une réputation immortelle par ses exploits contre les Espagnols. Il est présumable que sans les malheureuses guerres civiles qui désolaient la France à l'époque des plus brillantes découvertes des Dieppois, elle eut eu une meilleure part dans le partage du Nouveau-Monde.

La ville de Dieppe se soutint dans cet état de splendeur jusqu'en 1694, que

LE PORT DE DIEPPE.

Vu du grand Quai.

LE PORT DE DIEPPE.

Vu à mi-côte de la Falaise du Pollet

les Anglais, jaloux de sa prospérité, vinrent la détruire en partie par un terrible bombardement, et une machine infernale, qui renversa une grande partie des édifices publics et la plupart des maisons. Les deux jetées en bois qui formaient l'entrée du port, principal objet que les Anglais s'étaient promis de détruire, résistèrent seules à leur fureur. C'était la troisième fois que cette malheureuse ville éprouvait un pareil malheur. Détruite d'abord par les Normands, elle le fut quatre siècles après par Philippe-Auguste. Elle conserve cependant encore aujourd'hui son ancien château, qui remplace une première forteresse, démolie en 1196. Ce château, avantageusement situé, sur une hauteur à la gauche de la ville, est flanqué de tours et de bastions, et entouré de hautes murailles, selon le temps où on l'a construit, époque où on ne connaissait pas l'usage de l'artillerie : ce château domine sur la mer, sur la ville et sur la vallée qui l'environne. Autrefois il était accompagné d'une citadelle, qui en défendait les approches du côté de la terre. Cette citadelle casematée, bastionnée et garnie d'ouvrages avancés, était susceptible d'une longue défense, mais elle fut rasée ainsi que le fort Pollet, vers le milieu du dix-septième siècle. Un des monumens les plus anciens dont il reste encore des vestiges, est la Tour-aux-Crabes, placée vers le bout des quais, du côté de la mer.

La tour de l'église de Saint-Jacques, bâtie en briques, dans le quinzième siècle, est très-élevée ; on y découvre fort loin, tant sur la mer que sur la terre. Il existait autrefois dans cette église une fête de l'Assomption, instituée en mémoire d'une victoire remportée sur les Anglais, le 15 août 1443, victoire qui les obligea de lever le siège qu'ils avaient mis devant cette ville. Cette fête, ou pour mieux dire cette procession, on pourrait dire même cette farce, qui avait encore lieu dans le dix-septième siècle, était accompagnée de scènes burlesques, dignes des temps les plus reculés du paganisme.

Avant la révolution, l'archevêque de Rouen percevait sur le poisson et autres denrées des droits fort onéreux pour la ville de Dieppe. On lit dans un chartier des droits de cet archevêque, dressé en 1496, que toute femme publique qui exerçait sa profession dans cette ville, était obligée de lui payer six deniers tournois par semaine. A différentes époques et dans divers ports, les curés et les moines exigeaient la dîme sur le poisson. On se rappelle, à ce sujet, qu'un vieux pêcheur de Waldam répondit à son curé, qui la lui demandait, que la dîme se laissait ordinairement sur le champ, et que la mer étant le champ où il avait moissonné, il pouvait la faire ramasser, qu'il l'y avait laissée.

Rebâtie en entier depuis le bombardement, percée de rues spacieuses, arrosée d'un grand nombre de fontaines, Dieppe est aujourd'hui l'une des plus belles villes de la Neustrie. Malheureusement le port, dont l'entrée est obstruée par le galet, est souvent encombré ; même les passes ont quelquefois changé de direcion, ce qui nécessite de grands travaux très-dispendieux, et qui ne réussissent pas toujours parfaitement. Aujourd'hui même on travaille encore à déblayer l'entrée de la passe. Ces difficultés, toujours renaissantes, empêchent les gros navires d'entrer dans ce port, ce qui diminue un peu son importance. Cependant, sa situation est si heureuse qu'on a souvent renouvelé le projet d'établir un canal de Dieppe à Paris, projet dont l'exécution serait d'un grand avantage pour ces deux villes.

C'est près de Dieppe, dans la plaine d'Arques, que se donna cette célèbre bataille qui raffermit la couronne sur la tête du bon Henri. Ce fut aussi à la hauteur de son port, que le célèbre Tourville remporta une victoire complette sur les flottes combinées d'Angleterre et de Hollande, le 10 juillet 1690, à la suite de laquelle les Français descendirent à Teingmouth et y brûlèrent nombre de vaisseaux de ligne et de bâtimens marchands.

Dieppe a fourni beaucoup d'hommes célèbres; Abraham Duquesne, le vainqueur de Ruyter, naquit dans ses murs. Ses fils obligés, pour cause de religion, de s'expatrier, n'ayant pu obtenir les restes de leur père, à qui on avait refusé un monument, lui avaient préparé, vers les frontières de la Suisse, un tombeau sur lequel on lisait, en allemand, l'épitaphe que voici : *Ce tombeau attend les restes de Duquesne. Son nom est connu sur toutes les mers. Passant, si tu demandes pourquoi les Hollandais ont élevé un superbe monument à Ruyter vaincu, et pourquoi les Français ont refusé une sépulture honorable au vainqueur de Ruyter; ce qui est dû de crainte et de respect à un monarque dont s'étend au loin la puissance, m'interdit toute réponse.* Duquesne était né en 1610, il mourut en 1688. Descaliers, célèbre en hydrographie, ainsi qu'en géographie et en astronomie, et qui ouvrit à Dieppe la première école nautique, était né dans cette ville à l'époque du seizième siècle. Le docteur Pecquet, qui a fait faire de grands progrès à la médecine, si connu par son *Traité des veines lactées*, et son *Réservoir de Pecquet*, était Dieppois, ainsi que Thomas Gouge, astronome; Grasset, auteur d'une Histoire du Japon; Richard Simon, Elléniste, Lamartinière, géographe; Mauger, graveur en médailles, et beaucoup d'autres.

———

LE PORT DE St VALERY EN CAUX.

Vu du Côté de la Ville.

SAINT-VALÉRY EN CAUX.

Ce port, très avantageusement situé pour le commerce, dans le département de la Seine-Inférieure, très-petit, mais sûr, est fort ancien : c'est de Saint-Valéry, dit-on, que Guillaume-le-Conquérant fit voile pour son expédition d'Angleterre. S'il est peu probable que Saint-Valéry fut le lieu où se firent les dispositions de son embarquement, il paraît certain qu'ayant été obligé par les vents de relâcher dans cette rade, ce fut de là qu'il partit pour attérer sur les côtes de la Grande-Bretagne.

La population de Saint-Valéry n'excède guère cinq mille âmes. Son port, resserré entre deux falaises, peut contenir, à marée haute, une cinquantaine de navires du port de deux ou trois cents tonneaux. On a construit de nouvelles écluses à la place des anciennes, obstruées par le galet; inconvénient commun à tous nos ports de la Manche exposés aux vents d'ouest.

Il existait autrefois à Saint-Valéry une petite rivière, qui depuis s'est perdue dans les terres, ce qui prive cette ville de bonne eau. Son commerce extérieur est très-borné; ses habitans, presque tous pêcheurs, sont très-industrieux pour ce qui est relatif à la pêche et au saurissage du hareng. Les hommes de mer de Saint-Valéry ont la réputation d'être excellens matelots; ils sont presque tous grands, et fortement constitués.

Avant la révolution, cette ville possédait une amirauté et un grenier à sel. Elle a aujourd'hui un tribunal de commerce. La nature de la pêche que l'on y fait est la même que celle des autres ports de la côte.

FÉCAMP.

Le port de Fécamp est l'un des meilleurs de la côte. Les deux jetées qui le forment sont à quarante toises l'une de l'autre. Le bassin et l'entrée du port sont maintenus au moyen d'écluses de chasse, construites depuis environ cent ans, et qui commencent à dépérir. La rade est très-sure : son fond de sable et de gravier est d'une excellente tenue.

La ville de Fécamp, située dans le département de la Seine-Inférieure et peuplée d'environ sept mille habitans, est fort ancienne. Les premiers ducs de Normandie y faisaient leur résidence ordinaire; ils y avaient un palais ducal, entièrement détruit aujourd'hui. L'abbaye de Fécamp était renommée par sa richesse, sa belle bibliothèque et ses manuscrits. Dans le douzième siècle, ses religieux possédaient une orgue, objet fort rare à cette époque. Ce fut dans cette abbaye que Casimir, Roi de Pologne, vint déposer son sceptre, et se délasser des fatigues et de l'ennui du gouvernement.

Les fortifications de Fécamp sont entièrement détruites aujourd'hui, ainsi que la forteresse qui le défendait du côté de l'est. Dans ces temps malheureux où le fanatisme avait remplacé la religion, cette forteresse était tombée au pouvoir de la ligue; un soldat royaliste, Boisrosé, dont le nom est immortel, parvint, au moyen d'un câble qui lui fut tendu par un de ceux de la garnison, et à l'aide de plusieurs de ses camarades, de surprendre la place. Les détails de cette entreprise hardie, qui se trouvent dans toutes les histoires du temps, sont du plus grand intérêt.

La pêche de la morue, celle du maquereau et du hareng, occupent plus particulièrement les marins de Fécamp : ce dernier poisson sur-tout est le plus estimé de tous ceux de la côte; cette dernière pêche est aussi fort abondante, ayant produit seule, en 1789, 866,700 francs. cette ville possède une bourse, un tribunal de commerce, et un entrepôt de denrées coloniales. On y fabrique de l'huile de rabette, des toiles de Caux, de la soude de Varech. Il y existe aussi des filatures de coton, etc.

LE PORT DE FÉCAMP.

Vu du Coteau de N.D. de Bon Secours.

LE PORT DU HAVRE.

Vu de la Citadelle sur le Bastion du Roi.

LE HAVRE - DE - GRACE.

CETTE ville, située dans le département de la Seine-Inférieure, n'est pas ancienne : on voit que sous le règne de Charles VII il n'existait sur le terrain qu'elle occupe aujourd'hui, que deux tours et quelques baraques de pêcheurs, établies depuis 1409. En 1450, ces deux tours furent reprises sur les Anglais, qui s'en étaient emparés. Louis XII fut le premier Roi qui s'occupa du soin d'agrandir cette ville et d'y construire des fortifications respectables, mais c'est à François Ier. qu'elle doit toute sa splendeur maritime, et aussi à l'encombrement du port d'Harfleur. Cependant on ne sentit bien l'importance de sa situation, que lorsque le prince de Condé l'eut livré à la reine Élisabeth, en 1562. Le Hâvre fut repris l'année suivante, et ses fortifications furent considérablement augmentées sous le ministère du cardinal de Richelieu ; celui de Colbert lui devint aussi très-favorable. Ce ministre, créateur en quelque sorte du commerce en France, sentant l'importance de cette ville, sur-tout à cause de sa situation à l'embouchure de la Seine, sut apprécier tous les avantages de sa position.

Les pêches lointaines, telles que celles de la baleine et de la morue, furent l'objet des premiers travaux des habitans du Hâvre : ni les climats glacés, ni les dangers d'une longue navigation, ne les arrêtèrent. En 1632, des armateurs de cette ville s'associèrent et formèrent une compagnie guerrière et commerçante ; ils armèrent une escadre commandée par un nommé Vrolicq qui, faisant voile pour le Spitberg, s'établit dans une baie de cette côte, d'où il fut ensuite chassé par les Danois et par les Hollandais. Une nouvelle compagnie s'étant formée en 1664, elle arma vingt-cinq navires pour la pêche de la baleine. Cet armement fut encore contrarié par les Hollandais; néanmoins les habitans du Hâvre ne se laissèrent point décourager; ils entretinrent même, vers cette époque, jusqu'à trois ou quatre mille matelots pour cette pêche.

La perte de l'île de Terre-Neuve, cédée à l'Angleterre par la paix d'Utrecht en 1713, fut un coup fatal pour les pêcheries françaises; l'établissement précaire des îles de Saint-Pierre et de Miquelon, en fut une bien faible compensation; aussi les marins du Hâvre tournèrent-ils leurs vues vers d'autres branches de commerce.

Bientôt les riches et précieuses pelleteries du Canada vinrent abonder dans leur port. Les productions des côtes occidentales de l'Afrique, telles que le morphil, la gomme, y arrivèrent aussi. Enfin les compagnies de commerce des Indes orientales, des Indes occidentales, celles de Guinée et du Sénégal, choisirent le Hâvre pour leur entrepôt ; mais les suites de la malheureuse journée de la Hogue vinrent encore interrompre pour quelque temps la prospérité de cette ville.

Cependant l'accroissement successif des cultures de nos îles, sur-tout de celle de la Guadeloupe, vint accroître aussi les relations commerciales du Hâvre. Les coutils, les damas de Caux, les étoffes de soie et de laines d'Amiens, de Reims, de Tours, de Lyon, furent transportés dans nos colonies par des navires du Hâvre, qui nous apportaient en échange, le sucre, le café, l'indigo, le coton, le cacao, les bois de teinture et autres productions de ces îles. La traite des nègres, ce commerce, que réprouve également la religion et la morale, devint aussi un objet très-lucratif pour cette ville. Ne bornant pas son activité au seul commerce de l'Afrique et de l'Amérique, ses vaisseaux se portèrent également dans les mers du Nord : Hambourg, Copenhague, Dantzick, et les autres villes de ces parages, virent arriver dans leurs ports des navires du Hâvre chargés des productions des deux mondes. Au midi, Lisbonne, Cadix, Malaga, Barcelonne, et les ports de l'Italie et de la Provence, ouvrirent des relations avec cette ville. Enfin tous les ports de la France, ceux même de l'Angleterre, contribuèrent successivement à la prospérité de son commerce.

Ce port, par son heureuse situation à l'embouchure d'un fleuve qui baigne les quais de la ville de Rouen, et ceux de la capitale, est actuellement l'un des plus fréquentés du royaume. Cette prospérité tient beaucoup aussi aux circonstances de la longue guerre qui vient de se terminer, pendant laquelle le centre des opérations commerciales s'était fixé à Paris. On peut dire en quelque sorte aujourd'hui que le Hâvre est l'entrepôt du commerce du monde entier. Si les navires sortis de son port se répandent sur toutes les mers, ceux des autres nations de l'Europe et de l'Amérique viennent aussi y apporter leurs tributs. Cette ville présente une réunion de tous les costumes ; on y parle toutes les langues : le Norwégien y rencontre le Castillan et s'entretient avec lui, l'Américain traite avec l'habitant de la côte de Barbarie. Les productions du midi y sont amoncelées à côté de celles qui nous viennent du voisinage des pôles. Tout dans cette ville annonce l'activité du commerce et sa prospérité.

Depuis plusieurs années on a fait de grands travaux au Hâvre. L'ancienne citadelle, construite sous le ministère du cardinal de Richelieu, et dans laquelle le grand Condé et les princes de Conti et de Longueville furent enfermés, a été rasée. Plusieurs personnes ont blâmé cette opération, mais généralement on convient qu'elle était nécessaire, puisque l'agrandissement de la ville, ainsi que l'ex-

LE BASSIN DU HAVRE.

Vu du Bureau des Constructions.

tension de son commerce, nécessitait également l'agrandissement de son port. Les jetées construites à son entrée , et rallongées à diverses époques, pour repousser le galet , qui ne cesse d'obstruer nos ports de la Manche, ayant été insuffisantes, on a construit des écluses de chasse, dont l'effet a été assez heureux. Les différens travaux qui ont été faits au port du Hâvre mettent le bassin principal à l'abri des vents qui règnent habituellement sur cette côte, et lui procurent assez d'eau pour tenir à flot les navires qui en tirent beaucoup. Young, dans son voyage en France, fait le plus grand éloge de ces divers travaux. (1)

Il y a deux rades au Hâvre : la petite, placée à une demi-portée du canon du rivage, et l'autre à plus de deux lieues en mer; mais ces rades foraines ne mettent pas toujours, comme l'on sait, les navires à l'abri des tempêtes. Cependant, comme le fond de celles-ci est excellent , les ancres ne sont point sujettes à chasser, et on y voit très-peu de naufrages. L'entrée de la Seine est remplie de bancs de sable qui en rendent la navigation difficile; il y en a aussi plusieurs aux environs des rades. Le phare situé à la Hève, à peu de distance de la ville, est d'une grande utilité pour les navigateurs, et se voit de fort loin.

Le Hâvre est renommé pour la perfection et la solidité de ses constructions navales. Au commencement du seizième siècle, il sortit de ses chantiers un navire du port de deux mille tonneaux, le plus grand connu à cette époque. Ce vaisseau, nommé *la Grande Française*, destiné à porter des secours aux chevaliers de Rhodes, échoua à la sortie du port, et ne put jamais être relevé. Le chantier du Hâvre est un de ceux où se construisent les plus belles frégates de l'Etat. La dernière guerre a vu sortir de son port des bâtimens armés en courses, qui ont fait des prises considérables. En temps de guerre, les bois lui arrivent assez commodément par la Seine, de toutes les rivières qui s'y jettent, ou qui y communiquent par des canaux.

La population du Hâvre est d'environ vingt-deux mille habitans, dont une grande partie n'a d'autre profession que la marine. En général, les hommes de mer de cette ville sont fort estimés. Les travaux auxquels se vouent principalement les ouvriers, sont ceux du charpentier, du voilier, et de tout ce qui est relatif à la construction et à l'armement des vaisseaux. La dentellerie occupait autrefois toutes les femmes du Hâvre et une grande partie de celles de la Normandie ; mais aujourd'hui cette branche d'industrie est prodigieusement diminuée. M. de Saint-Agnan, gouverneur du Hâvre en 1672, y trouva vingt mille femmes occupées à ce travail. Il est présumable qu'il comprenait dans ce nombre toutes celles de ce gouvernement, qui avait alors une assez grande étendue. (2)

_____

(1) Young, Voyages en France, etc., 1, 247.
(2) Mémoire sur le port, la navigation et le commerce du Hâvre, 57. DUBOCAGE.

La ville du Hâvre est bien bâtie : ses rues sont larges et tirées au cordeau ; les maisons, d'abord construites en bois, le sont presque toutes aujourd'hui en pierres ou en briques. On y rencontre un arsenal, de grands magasins, des casernes, des fontaines, une salle de spectacle et une citerne qui peut contenir quinze cents tonneaux d'eau. Le Hâvre fut bombardé par les Anglais, en 1759, sans éprouver beaucoup de dommage. C'est presque toujours de ce port qu'arrivent à Paris les subsistances que nous tirons de l'étranger dans les années calamiteuses. Un de ses avantages particuliers, c'est que le retour de la marée que lui ramène la Seine, lui conserve son plein pendant quatre heures, avantage que ne partagent pas les autres ports de la même côte.

Parmi les personnes nées au Hâvre qui se sont distinguées, nous citerons George Scudéry et Madeleine sa sœur, le premier plus connu par ses ridicules que par ses poésies. (1) Madeleine Scudéry remporta, en 1671, le premier prix qu'ait décerné l'Académie française. Le sujet du discours était la gloire. Elle a fait aussi beaucoup d'ouvrages oubliés : on ne se rappelle plus aujourd'hui que ses romans d'*Artamène*, et de *Clélie*, immortalisés par les satires de Boileau. Madame de Lafayette, si connue par ses excellens romans de *la princesse de Clèves*, de *Zaïde*, etc., avait pris aussi naissance dans cette ville, ainsi que Dicquemare, célèbre natura-liste. On connaît ses *Expériences sur les Anémones de mer*, et ses *Remarques sur les reproductions animales*. Dapres, le premier qui ait *déterminé les longitudes en mer*, par la distance respective des astres, était né au Hâvre.

.

---

(1) Rome sauvée, poëme en dix chants.

Dessiné par N. Ozanne.   Gravé par Y. le G.

LE PORT DE ROUEN.

Vu du Côteau de Canteleux.

ROUEN.

Rouen, *Rothomagus*, *Ritomagum*, *Rothomagum* ou *Rodomum*, est une ancienne ville, riche et commerçante, le chef-lieu du département de la Seine-
Inférieure. Elle ne figure point dans les actes du Bas-Empire, car elle était à
cette époque soumise à la juridiction des cités de son voisinage. Si l'on en croit
quelques vieilles traditions, Magus, fils de Samothes, second Roi des Gaules, fut
son fondateur, ce qui fait remonter sa fondation de deux mille sept cents ans
avant l'ère vulgaire. Son nom lui vient, suivant quelques étymologistes, du mot
allemand roth, qui signifie bande ou compagnie ; suivant d'autres, d'une idole
de ce nom, qui fut long-temps l'objet de la vénération de ses habitans, et du
mot magus, qui, en langue celtique, signifie une ville bâtie au bord d'un fleuve,
ces deux mots faisant celui de Rothomagus, nom que lui donne César, dans sa
guerre des Gaules.

Cette ville, située sur la rive droite de la Seine, et assise en amphithéâtre
aux pieds des coteaux qui l'environnent, éprouva de grands changemens depuis
sa fondation ; elle eut beaucoup à souffrir des pirateries des aventuriers du nord.
Pour échapper à leurs pillages, plusieurs de ses églises et une partie de la ville
même, furent bâties dans des îles, qui depuis ont été réunies à la terre ferme.
Dès le règne de Charles-le-Chauve on y battait monnaie. Sous la première dynastie
de nos Rois, Rouen était déjà l'un des chefs-lieux du gouvernement, puisqu'ils y
envoyaient ces juges ou commissaires royaux, connus sous le nom de *Missi do-
minici.* Cette ville, ainsi que toute la partie comprise sous le nom de Normandie,
fut cédée par Charles-le-Simple vers 915, au chef d'une bande de ces aventuriers
du nord, nommé Rollon, à qui il donna Giselle, sa fille, en mariage. Cette
province ne fut recouvrée par la France qu'en 1200, sous le règne de Philippe-
Auguste.

Le premier soin des Normands, lorsqu'on leur eut concédé une partie de la
Neustrie, fut de fortifier la ville de Rouen, qui devint une des plus fortes places
de l'Europe, soit par la profondeur de ses fossés inondés par les eaux de la

Seine, la hauteur de ses murailles, et le nombre des tours et des ouvrages avancés qui l'environnaient. Le mémorable siège de 1419, qui dura six mois, et ceux des années 1449, 1563 et 1591, prouvent ce que ces fortifications avaient de perfection pour le temps où elles avaient été construites, puisque malgré les collines qui enveloppent la ville de toutes parts, elle a pu faire d'aussi vigoureuses résistances. Il existait à la tête d'un pont de pierre, bâti, en 1162, par Mathilde, fille de Henri Ier., une forteresse appelée la Barbacane. Cette forteresse, construite vers 1200, avait été considérablement augmentée par Henri V en 1419. A la place de ce pont de pierre, qui tomba en 1533, on a placé un pont de bateaux qui suit le mouvement de la marée, et s'ouvre avec facilité pour laisser le passage aux navires.

Ce pont, fort ingénieux, inventé par un moine Augustin, a deux cent soixante-dix pas de longueur : il est pavé, et accompagné de deux trottoirs pour les gens de pieds. Il sert pour la communication de la ville avec le faubourg Saint-Sever, bâti sur la rive gauche de la Seine. La solidité de sa construction le rend susceptible de porter les énormes fardeaux qui y passent journellement, et permet de le démonter lorsque la rivière est obstruée par les glaces. On construit aujourd'hui, au-dessus, un autre pont en pierre, qui est déjà fort avancé.

On mettait au nombre des fortifications de Rouen le vieux palais bâti par Henri V, Roi d'Angleterre. Ce fut dans ce palais que Jacques II vint essuyer ses larmes, après la malheureuse journée de la Hogue. Ce palais est rasé depuis la révolution, ainsi que les portes de la ville qui l'avoisinaient. Il existe encore trois tours d'un vieux château situé près la porte de Bouvreuil : ce château, autrefois d'une grande importance, avait figuré pendant les guerres de la ligue. Au sud-est de Rouen, sur la montagne de Saint-Michel, était le fort Sainte-Catherine, dominant la ville et la campagne. Ce château, bâti par les anciens Ducs de Normandie, fut démoli par Henri IV après la prise de cette ville. Il en reste encore assez de vestiges pour se rappeler et sa forme et le terrain qu'il occupait.

Il existait à Rouen un tribunal connu sous le nom de l'Echiquier de Normandie: d'abord Cour de justice ambulatoire, il tenait ses assises dans cette ville, quelquefois à Caen, ou à Falaise, et même dans d'autres villes. l'Echiquier de Normandie était, après le parlement de Paris, la première Cour souveraine de France (1) : devenu sédentaire, François Ier. lui donna le nom de Parlement, qui lui est resté, ainsi que ses différentes attributions, jusqu'à l'époque de la révolution.

C'est dans cette ville, qu'en 1439 Jeanne d'Arc, renommée par sa vaillance

_____

(1) Ordonnance du Louvre, VIII, 331,

Ozanne del.

Y. le Gouaz sculp.

LE PORT DE ROUEN.

Vu de l'Ile de la Croix.

et l'exaltation de son patriotisme, périt sur un bûcher, victime de la haine des Anglais et de la superstition de ces temps malheureux d'ignorance et d'obscurité. Il existait alors dans cette ville, ainsi qu'à des époques bien postérieures, une infinité de fêtes burlesques, telles que celle des foux, celle des cornards, la procession des ânes, celle de la gargouille, etc., qui se célébraient dans les églises, avec toute l'indécence et l'obscénité en usage dans ces siècles ténébreux.

Les monumens que l'amour des arts a élevés dans la ville de Rouen, sont tous du moyen âge : on n'en connaît point qui remontent au temps des Romains. La cathédrale est un beau temple gothique. La façade de ce bel édifice est élégante, le style en est léger. Le portail est orné de deux tours. La tour carrée, à gauche, est fort ancienne, puisqu'elle fut bâtie en 623 par saint Romain, dont elle a conservé le nom. L'autre tour, appelée la Tour de Beurre, ainsi nommée parce qu'elle fut bâtie avec le produit des permissions de manger du beurre en carême, fut élevée sous l'archiépiscopat du cardinal d'Amboise : cette tour contenait la fameuse cloche, appelée Georges d'Amboise, qui fut cassée en 1786, et entièrement brisée pendant la révolution. Cette église, construite sur le terrain de l'ancienne, fut consacrée en 1063. On remarque au maître-autel de ce temple, un des plus beaux tableaux de Philippe de Champagne, représentant une Adoration des Bergers.

L'église de Saint-Maclou, en forme de croix grecque, a un portique gothique remarquable par sa légèreté. Son clocher, dont on a abattu une partie en 1735, parce qu'elle menaçait ruine, présente des détails d'une grande délicatesse. Celle de Saint-Vincent, bâtie dans la même forme et dans le même goût, est assez remarquable. L'église de Saint-Ouen, commencée en 1319, et qui même n'est point terminée, puisque son portail n'est pas encore achevé, présente, dans son architecture gothique des ornemens, qui sont d'une légèreté et d'un goût admirables, sur-tout pour l'amalgame et la combinaison des formes. C'est dans cette abbaye, occupée autrefois par l'ordre des Bénédictins, que loge la Cour lors de son passage à Rouen. Ce fut dans l'une de ses salles, que Henri IV tint, en 1596, l'assemblée des états-généraux, ou pour mieux dire l'assemblée des notables, dans laquelle il débuta par cette phrase : *Je vous ai fait assembler pour recevoir vos conseils, pour les croire, et pour les suivre.* L'Hôtel-de-Ville est placé aujourd'hui dans un des bâtimens de cette abbaye. Après les trois monumens gothiques, dont nous venons de donner un aperçu, nous mentionnerons l'église de l'hospice d'Humanité, bâtie depuis une quarantaine d'années, par Le Brument. Cet édifice, parfaitement situé dans le nouveau quartier, est d'ordre corinthien; le portail, orné d'un beau péristyle, est noble, et les détails en sont soignés.

Le palais de Justice, achevé en 1506, est d'un assez bon gothique; on y remarque la grande salle, dite des Procureurs, qui a cent soixante-dix pieds de long sur cinquante de large, et dont la voûte en plein ceintre est très-hardie. Ce palais sert aujourd'hui aux audiences du Tribunal de première instance, et à celles de la Cour d'assises ; c'est un très-beau et très-vaste monument. En face de ce palais, on aperçoit un grand édifice, où la Cour royale tient ses audiences pour les causes d'appel. La Chambre des comptes et le Tribunal de commerce n'ont rien de remarquable.

Rouen possède une Douane, bâtie au commencement du siècle dernier, qui présente un aspect imposant. Cet édifice, qui a cent un pieds de face, sur quarante-sept d'élévation, y compris le comble, est d'un bon goût d'architecture : le fronton, représentant un Mercure, est un des bons ouvrages de Coustou. A peu de distance de la Douane, est la Bourse, dont une superbe allée d'ormes qui l'embellit, fait une magnifique promenade, sur-tout dans les belles soirées d'été. Un peu plus loin se trouve placée la Juridiction consulaire, vaste bâtiment, contenant de très-grandes salles et de beaux appartemens, dans lesquels on remarque un tableau de M. Le Monnier, représentant une allégorie sur le Commerce. Cette ville renferme aussi deux casernes, l'une en face du Champ-de-Mars, et l'autre sur la rive gauche de la Seine. L'ancien Hôtel-de-Ville, bâti par Desbrosses, n'a rien de remarquable, excepté son jardin, qui fait une promenade très-agréable pour les habitans.

Les halles de Rouen, sises à la Haute-Vieille-Tour, passent pour les plus belles et les plus commodes du royaume, tant par leur grandeur et leur distribution, qu'à cause de leur proximité du port. Chaque nature de commerce a sa halle particulière ; celle de la rouennerie seule a deux cent soixante-douze pieds de long, sur cinquante de large. Celle de la draperie a deux cents pieds : la halle au bled en a trois cents, et une largeur proportionnée.

Les lettres et les arts sont très-cultivés dans cette ville ; il y a deux sociétés savantes, l'Académie royale, et la Société d'émulation. Ces sociétés distribuent annuellement des prix. Elles comptent parmi leurs correspondans, les hommes les plus marquans de la capitale, dans les sciences, les lettres et les arts. Rouen renferme aussi dans son sein une Société de commerce, qui s'occupe avec succès de l'amélioration et des progrès des diverses manufactures de la contrée. On y trouve encore des écoles de dessin et de peinture, des cours de botanique, et de chimie appliquée aux arts. Les professeurs de ces divers cours sont, aujourd'hui, MM. Lecarpentier, Marquis et Vitalis. Le jardin de botanique, dont cette ville est en possession, contient plus de trois mille espèces. Il y a aussi une Académie, partie intégrante de l'Université de Paris, et un collège pour l'instruction de la jeunesse. Le Muséum renferme un assez grand nombre de tableaux des trois écoles ; et la Bibliothèque royale est riche d'environ soixante-dix mille volumes imprimés, et de précieux manuscrits. Maufer imprimait à Rouen, en 1470 : on prétend même que Morin y exerçait le même art dès 1443.

LE PORT DE ROUEN.

Vu du milieu de la Seine, devant le vieux Palais.

Il y a dans cette ville deux salles de spectacles, le Théâtre-Français et le théâtre des Arts; ce dernier, construit à la fin du dernier siècle, est d'un assez bon goût d'architecture. Les sources d'eau vive découlant des montagnes qui avoisinent Rouen, ont facilité l'établissement d'un assez grand nombre de fontaines, dont aucune cependant ne mérite de fixer particulièrement l'attention des voyageurs, si ce n'est la fontaine de Lisieux, placée assez près du théâtre des Arts, qui paraît, malgré ses mutilations, être d'une assez haute antiquité. On compte aujourd'hui à Rouen, quatre marchés et plusieurs places publiques. La place de la Vieille-Tour, où fut jadis le palais des Ducs de Normandie, est décorée d'un monument d'architecture, dont le dessous voûté conduit de la haute Vieille-Tour à la basse. Ce monument, d'un très-bon goût, est composé de quatre entrecolonnement d'ordre corinthien, formant une pyramide à plusieurs étages. Cet ouvrage est beaucoup plus moderne que n'était le palais.

Les environs de Rouen, de quelque côté qu'on les considère, présentent des sites intéressans et pittoresques. Rien de plus beau que la vue du port de cette ville, sur-tout en temps de paix, la multitude des vaisseaux, la variété de leurs pavillons; le mouvement continuel des négocians et des marins, l'embarquement et le débarquement des marchandises, semblent doubler la population, et donner la vie même aux corps inanimés. Le grand cours, ou cours la Reine, placé sur l'autre rive, à l'entrée du faubourg de Saint-Sever, offre la vue la plus agréable et une des plus belles promenades de la France. Ce faubourg, qui par son étendue semble une seconde ville, renferme une multitude de fabriques de toutes espèces, comme tissures en tous genres, filatures, fabriques de vitriol et de belles fayences très-renommées. Ce faubourg est environné de riches prairies, couvertes de troupeaux et bordées de jolies maisons de campagne.

C'est en arrivant à Rouen, au retour de Dieppe ou du Hâvre, qu'on est dans un véritable enchantement, à la vue des riantes vallées de Déville et de Maromme qui bordent la rive droite de la Seine. Celle de Tempée, décrite avec tant de charmes par les anciens poètes, peut à peine figurer à côté de celles-ci. Qu'on se représente deux lieues de jardins délicieux ornés de cent palais, dont la variété des formes et des couleurs semblent une féerie. Ces palais de l'industrie, qu'animent vingt mille artisans laborieux, sont séparés les uns des autres, non par des murailles, mais tantôt par des hayes qu'embellissent le lilas et le chèvre-feuille enlacés avec les rosiers et les jasmins, tantôt par des ruisseaux limpides comme le cristal, qui arrosent des prairies verdoyantes, sur lesquelles de brillans tissus de toutes couleurs étalent les travaux et la richesse du département. L'industrie se développe de toute manière dans cette fertile vallée, ainsi que dans tous les faubourgs et les environs de Rouen. Des moulins à papier, à bled, à broyer le bois de teinture; des manufactures de draps, d'indiennes, de toutes sortes de toiles, de velours, de coton, de piqués, nankin, etc., etc., s'y rencontrent à chaque pas.

Si Rouen a toujours été une ville riche et commerçante, elle a eu aussi ses temps calamiteux ; si le génie de Colbert l'avait fait parvenir à une grande prospérité, la révocation de l'édit de Nantes porta un coup fatal à son industrie. Le système de Law, et ensuite la longue guerre de la révolution, lui ont fait aussi un grand tort ; mais les trois années de paix dont nous avons déjà joui, et celles bien plus nombreuses que nous espérons, ont ranimé l'industrie, et le commerce de cette ville recouvre de jour en jour son ancienne splendeur et sa prospérité.

Peu de villes peuvent se flatter d'avoir donné naissance à autant d'hommes célèbres que la ville de Rouen. Les deux Corneille, les pères de l'art dramatique, y sont nés ; le premier, en 1606, et le second, en 1625. Je citerai ici des vers que Pierre Corneille adressa à Pélisson, qui peignent parfaitement le caractère de ce grand tragédien :

> En matière d'amour, je suis fort inégal :
> J'en écris assez bien, je le fais assez mal.
> J'ai la plume féconde, et la bouche stérile ;
> Bon galant au théâtre, et fort mauvais en ville ;
> Et l'on peut rarement m'écouter sans ennui,
> Que quand je me produis par la bouche d'autrui.

Les Basnages, Bochard et Sanadon, connus, les premiers, par l'Histoire de l'Eglise et celle des Juifs, par les Annales des Provinces-Unies, le Traité de la tolérance, etc. le second, par son Histoire des Animaux dont l'Ecriture fait mention, son Traité des Minéraux ; et le dernier, par sa Traduction des œuvres d'Horace, sont Rouennais. Fontenelle, qui rattacha la littérature du dix-septième siècle à celle du dix-huitième qui rendit la science vulgaire par les graces de son style : Pradon, élevé trop haut de son vivant, et trop déprécié depuis sa mort, étaient nés à Rouen, ainsi que l'historien Daniel et le jésuite Berruyer. Cette ville, aussi féconde artistes qu'en littérateurs, a donné naissance à Jouvenet, à Deshayes et à Restout, dont le pinceau, rempli de chaleur, annonce des têtes méridionales. L'architecte Blondel, le graveur Lemire, et Lémery, si connu par ses ouvrages de chimie ; madame du Bocage, qui a honoré son sexe par des tragédies et des romans, même des poëmes estimés ; Saint-Amand, Desfontaines, Longuerue, et beaucoup d'autres hommes distingués dans les sciences, les lettres et les arts, y sont également nés.

La navigation de la Seine est très-favorable au commerce de cette ville. Elle en fait un considérable en drogueries, vins, cidres, cafés, sucres, gommes, savons, soudes, indigos, teintures, laines, etc. On évalue la population de Rouen à environ quatre-vingt-cinq mille âmes.

anne del. H. le Gouaz sculp.

LE PORT NEUF D'HONFLEUR.

Vu du Chantier des Constructions

HONFLEUR.

Honfleur, *Huneflotum*, ville du département du Calvados, située à l'embouchure, et sur la rive gauche de la Seine, figurait, dès le commencement du douzième siècle, au nombre des villes recommandables du Duché de Normandie. Ce fut de son port, qu'en 1503, Chicot partit pour découvrir les terres australes, auxquelles il donna le nom d'Indes méridionales. En 1617, le nommé Leliévre, natif d'Honfleur, partit de Dieppe avec trois vaisseaux pour Sumatra, Java et Achen, et établit des liaisons de commerce avec les souverains de ces contrées. Ce fut encore d'Honfleur, qu'en 1504, le capitaine Gonneville mit à la voile pour une nouvelle expédition aux terres australes. En général, tous les habitans de cette ville sont recommandables pour le service maritime, autant par leur expérience que par leur courage.

Son port, pratiqué au milieu des vases, est situé en face de celui du Hâvre, dont il est éloigné d'environ trois lieues ; on y trouve des paquebots toujours prêts pour la communication entre ces deux villes. On ne peut aborder dans ce port qu'à la haute marée, et en passant entre les bancs de sables connus sous les noms d'Anfar et de Rattier. Le port d'Honfleur, situé entre deux jetées bâties dans des vases, a deux bassins fermés, dont le premier, mal entretenu, n'est presque d'aucun usage. Le second, qui retient le mieux l'eau, n'est ni grand, ni profond, en sorte qu'il n'y peut entrer de gros navires, mais il suffit à son commerce. L'avant port est assez spacieux, il y peut entrer des vaisseaux tirant jusqu'à seize pieds d'eau. M. Cachin, ingénieur en chef, avait formé le projet d'un canal de communication entre cette ville et Rouen, lequel aurait fait éviter les bancs de sables changeans, et par conséquent dangereux, de Saint-Sauveur et de Ruillebœuf ; mais ce projet n'a pas eu de suite. En temps de paix, le port d'Honfleur est assez fréquenté, on y voit des navires de toutes grandeurs, on y fait même des armemens pour des pays lointains. Avant la révolution, il en partait tous les ans vingt-trois bâtimens pour la côte d'Afrique, de cent à cinq cents tonneaux ; quinze pour la pêche de Terre-Neuve, plusieurs pour les colonies, et un nombre qui faisait les transports des marchandises à Rouen.

Honfleur était autrefois très-fortifié; assiégé par les Anglais en 1440, les cal. vinistes le prirent en 1562; repris la même année, par le duc d'Aumale, il fut la dernière ville de Normandie que conserva la ligue. La situation d'Honfleur est très-agréable; bâti en amphithéâtre, adossé à une montagne, au sommet de laquelle on arrive par une pente douce; on jouit tout-à-coup, quand on vient de Rouen, d'une vue extrêmement variée, très-étendue, et on y respire l'air le plus pur. C'est un coup de théâtre pour les personnes qui n'ont pas encore joui du spectacle de la mer, que l'aspect de cette immense étendue d'eau qui se déroule en un instant, lorsqu'on est parvenu sur la crète de cette montagne, au sud-est de laquelle se cultivent avec succès ces colosses de melons, connus sous le nom de melons d'Honfleur, et dont la bonté égale la beauté.

La population de cette ville s'élève à près de dix mille âmes. Les femmes y sont presque toutes occupées à faire de la dentelle. Cette branche d'industrie, quoique considérablement diminuée, ne laisse pas cependant que d'y répandre encore une certaine aisance. On y fabrique beaucoup d'Alun, d'acide sulfurique, de sulfate d'alumine, et de fer. Il y a un assez beau marché. On y tient deux foires par an, de huit jours chacune, l'une, le 17 juillet, et l'autre, le 25 novembre; il s'y débite beaucoup de bestiaux, de merceries, de quincailleries, etc.

LE PORT VIEUX D'HONFLEUR.

Vu du fond, derrière les Ecluses.

LE PORT DE CAEN.

Vn de la 8.e Prairial.

CAEN.

L<small>A</small> ville de Caen, en latin *Cathim super olnam*, chef-lieu du département du Calvados, est située dans un vallon, au confluent de l'Orne et de l'Odon. Cette ville est, après Rouen, la plus considérable de la Normandie ; elle est grande, sa forme est celle d'un fer à cheval ; sa population, y compris celle de ses quatre faubourgs, est de plus de trente mille âmes. Caen, que les anciennes chartes nomment *Villa vicus*, ou *Oppidum*, ce qui signifie un bourg ou un gros village, n'est pas très-ancien, il paraît même qu'il n'existait pas lors de l'invasion de César dans les Gaules. Cette ville prit beaucoup d'accroissement sous les ducs de Normandie, qui souvent même y firent leur résidence. Guillaume-le-Conquérant, entr'autres, la décora de plusieurs édifices. Défendue anciennement par de bonnes murailles, un fort et vaste château, démoli en 1793, elle fut cependant prise deux fois par les Anglais. En 1346, Edouard s'en étant emparé, la livra au pillage. Elle était si riche à cette époque, disent les historiens, qu'après y avoir commis de grandes cruautés, les assiégeans s'en retournèrent leurs vaisseaux remplis d'un immense butin, en vaisselle d'or et d'argent, joyaux, draps, etc. Les Anglais ayant repris cette ville en 1417, ils la gardèrent trente-trois ans.

Les rues de Caen sont larges, les maisons bien bâties. Il y avait autrefois une université d'une grande réputation, ainsi que des colléges : on y trouve aujourd'hui une académie, une société médicale, une de commerce, et une d'agriculture, qui distribue des médailles d'encouragement ; il y a un lycée placé dans l'ancienne abbaye des Bénédictins. On y remarque, comme monument, un ancien couvent de femmes du même ordre, l'Hôtel-de-Ville, le Palais de Justice, deux places publiques, celle de ce palais et la place Royale, où il y avait autrefois une statue pédestre de Louis XIV, érigée en 1685. On y compte aussi plusieurs belles promenades, entr'autres le Parc aux Dames, le jardin du Lycée, et sur-tout le Cours, qui règne tout le long de la prairie sur les bords de l'Orne. Caen, par sa situation entre deux rivières, ne peut manquer d'avoir de l'eau en abondance ; divers ponts établis sur ces rivières y rendent les communications très-faciles.

Le port de cette ville pourrait, à peu de frais, devenir important, le canal que forme la rivière d'Orne jusqu'à la mer n'étant que de sept mille neuf cent quatre-vingt-sept toises, sans beaucoup de sinuosités. La baye présente un abri sûr aux navires qui naviguent dans la Manche. Vauban avait donné le projet d'un port pour les vaisseaux de ligne à la fosse de Colleville, lequel aurait communiqué par un canal à celui de Caen. Son commerce avec l'étranger n'est pas considérable, mais celui du cabotage est assez important. A l'aide du flux, les navires de cent cinquante, et même de deux cents tonneaux, peuvent remonter jusqu'à son port.

L'industrie de cette ville est assez étendue; on y fabrique des porcelaines, des poteries en grès, des toiles ouvrées, des dentelles, des futaines à poil, de la bonneterie, de la passementerie, des droguets et des papiers peints. On y trouve des filatures de coton, des moulins à huile, des tanneries, des blanchisseries, etc. Il s'y fait tous les ans une exposition des objets d'industrie du département. Il s'y tient aussi annuellement huit ou neuf foires.

Peu de villes, à raison de leur population, ont produit autant d'hommes célèbres que celle de Caen : ses habitans ont toujours eu du goût pour les sciences et les lettres. Waice, poète normand, né à Jersay, qui écrivait en 1140, parle des colléges qui existaient déjà dans cette ville à cette époque. Le célèbre Huet, évêque d'Avranches, avait pris naissance à Caen en 1630. Malherbe, le précurseur des Corneille, dont Boileau a dit :

> Enfin Malherbe vint, et le premier en France
> Fit sentir dans les vers une juste cadence ;
> D'un mot mis en sa place enseigna le pouvoir,
> Et réduisit la muse aux règles du devoir.

y était né, ainsi que Jacques Savary, Tannegui Lefèvre, Sarrazin, Bois-Robert, Ségrais, Malfilatre, poètes; Varignon, mathématicien; Robert Constantin, médecin; le père Porée, jésuite; Fontenay, peintre; et l'Asne, graveur.

Nous n'oublierons pas dans cette nomenclature la fille de Tannegui Lefèvre, madame Dacier, si connue par ses traductions grecques et latines. Nous rapporterons à son sujet une anecdote peu connue. Mademoiselle Lefèvre ayant, en 1681 dédié à Louis XIV un de ses ouvrages, personne de la Cour n'osa l'introduire auprès du Roi pour le lui présenter, parce qu'elle était protestante. Le duc de Montausier l'ayant appris, se chargea de l'introduction; ce prince l'accueillit mal, et dit sèchement au gouverneur de son fils, *qu'il avait tort d'appuyer des gens de cette religion, et que non-seulement il défendait que son nom parût à la tête de l'ouvrage, mais encore qu'il en ferait saisir tous les exemplaires. Est-ce ainsi, Sire,* lui dit l'intrépide et sévère philosophe, *que Votre Majesté protège les lettres? Peut-elle oublier qu'un grand Roi ne doit pas être bigot. Quant à moi, Sire, en remerciant, en votre nom, mademoiselle, je lui remettrai cent pistoles, qu'il dépendra de Votre Majesté de me rendre, ou de ne me rendre pas.* Le Roi sentit la justesse de cette apostrophe, et en estima davantage un homme de cour, aussi peu courtisan.

CHERBOURG.

CHERBOURG, *Cæsarisburgus*, *Caroburgus*, *Chereburgum*, *Cherebertum*, ancienne ville et port de mer du département de la Manche. Divers auteurs (1) fixent sa fondation à l'époque de la conquête des Gaules, par César, opinion plus vraisemblable que celle qui l'attribue à Chérébert. Ce qui est certain, c'est que les lieutenans de Jules s'emparèrent de la contrée, où cette ville est située, et que les Cottentinois ou les Unelliens, commandés par Viridouix, furent défaits par Titurius, général Romain (2).

Ce ne fut que sous le règne de Clovis Ier., que Cherbourg et tout le Cottentin se trouvèrent réunis à l'Empire français. Dans le 9e. siècle, cette ville fut pillée plusieurs fois par les aventuriers du nord. En 911, Raoul, prince Danois, s'étant fait céder une partie de la Neustrie, par Charles-le-Simple, Roi de France, Cherbourg passa sous la domination de ce prince, jusqu'en 1203, que la Normandie fut réunie à la Couronne par Philippe-Auguste, lors de la condamnation de Jean-sans-Terre, coupable du meurtre d'Artus, son neveu.

Cherbourg fut souvent maltraité par les Anglais, lesquels brûlèrent cette ville, en 1296, après l'avoir pillée et en avoir enlevé ce qu'il y avait de plus précieux. Ils ne furent pas aussi heureux en 1346 : Edouard III fut obligé d'en lever le siège, après la vigoureuse résistance de ses habitans. En 1353 ou 1354, elle fut cédée, ainsi que plusieurs autres places de Normandie, à Charles-le-Mauvais, Roi de Navarre, gendre du Roi Jean, et retourna encore pendant quelques années à la garde des Anglais, par un traité que Charles avait fait avec eux. Enfin, en 1394, lors du mariage d'Isabelle de France avec Richard II, Cherbourg et Brest furent restitués à la France, et le Roi, au moyen d'un échange avec le Roi de Navarre, conserva ces deux villes.

Les Anglais, voulant profiter de l'état malheureux dans lequel la France était réduite pendant la maladie mentale de Charles VI, descendent en Normandie, en

---

(1) Vitalis Orderic, Sigebert, Froissard, Duchesne, etc.
(2) Comm. de César, liv. 3 et 4.

LE PORT DE CHERBOURG.

Vu du Port neuf

1415, avec une armée formidable, et s'emparent de cette province. Cherbourg, après un siège de trois mois, dans lequel les assiégés donnent des preuves d'un grand courage, ne se rend que par la trahison du gouverneur, qui, en 1418, vend la place pour une somme d'argent. Cette ville reste encore entre les mains des Anglais jusqu'à l'année 1450, que Charles VII en fait la conquête. Si elle éprouve quelques révolutions intérieures, lors des guerres de la ligue, elle n'en reste pas moins fidèle à la patrie.

L'année 1758 devint fatale à Cherbourg; une puissante flotte anglaise, ayant mis une armée à terre, cette ville, foudroyée par le canon de l'ennemi, se vit obligée de capituler le 8 août. Malgré cette capitulation, les Anglais brûlèrent trente-deux navires marchands qui étaient dans le port, qu'ils comblèrent; détruisirent les jetées, le pont, l'écluse, minèrent et contreminèrent les forts, emportèrent toutes les munitions, l'artillerie, et se rembarquèrent au bout de huit jours, après avoir imposé à la ville une contribution de 44,000 francs. La ville de Cherbourg ne tarda pas à être vengée des déprédations des Anglais qui, un mois après, ayant débarqué à Saint-Servan, près Saint-Malo, furent défaits à Saint-Cast, le 11 septembre, et éprouvèrent une perte de quatre mille hommes.

Cette ville, située dans une plaine, à l'embouchure des petites rivières de Divette et de Trotebec, au fond d'une grande baie, qui a la forme d'un croissant, est placée entre les caps de la Hague et de Barfleur. Sa forme est presque ronde ; ses rues étroites et mal percées, sont accompagnées de maisons irrégulières, couvertes d'ardoise ; mais bâties assez proprement en pierres de taille. Elle était autrefois bien fortifiée et avait un très-fort château. Louis XIV en avait augmenté les fortifications ayant eu l'intention d'en faire un port pour la marine royale. Le maréchal de Vauban avait même fait des plans à ce sujet, lesquels avaient eu un commencement d'exécution, en 1688, mais que les longues guerres du règne de ce prince avaient forcé d'abandonner. Sous le règne de Louis XV, vers 1742, on y fit encore quelques travaux.

La population actuelle de Cherbourg est d'environ quinze mille âmes: ses habitans sont courageux et bons marins. Ils ont obtenu de nos Rois, à diverses époques, des priviléges particuliers, en récompense de leurs services et de leur patriotisme, notamment, de Louis XI (1) et de François Ier. (2). Le commerce de Cherbourg consiste principalement en draps, serges, glaces, verreries de ses fabriques, ou de celles de ses environs. Il s'y débite beaucoup de porcs, de cidre, d'eau-de-vie, de beurre, et autres objets de consommation.

L'importance des travaux du port de Cherbourg ; ainsi que leur résultat, nous

---

(1) 6 février 1464, franchise des tailles, aides et autres impositions.
(2) 1519 et 1520, extension des mêmes priviléges pour les maisons de campagne environnantes.

LE PORT NEUF DE CHERBOURG.

Vu du Quai près l'Écluse du Sud.

Dessiné par P. Ozanne   Gravé par F.

LA RADE DE CHERBOURG.

Vu de la Passe de l'Est.

fait penser que nos lecteurs en trouveraient ici, avec plaisir, une analyse succincte. Nous avons mis à contribution, pour remplir cet objet, l'excellent ouvrage de M. de Cessart, qui fut le créateur de cette belle entreprise, et nous avons suppléé de notre mieux à tout ce qui est relatif aux changemens que son projet a éprouvé.

La position des ports de France situés dans la Manche, exposés toute l'année aux vents d'ouest, qui y chavirent journellement des masses de galet qui les obstruent, nous avait empêché jusqu'ici d'y former un seul abri pour nos vaisseaux de guerre. Jamais circonstance ne nous avait fait sentir plus vivement les inconvéniens de cette position, que le désastre de la Hougue, en 1692. Après la paix glorieuse de 1783, Louis XVI, dont les vues s'étaient toujours portées vers l'amélioration de notre marine, résolut de faire cesser cet état de choses, et de former dans la Manche un port capable de contenir quarante vaisseaux de ligne et un même nombre de frégates, sans compter une quantité de transports. La commission nommée pour le choix du lieu, composée d'officiers de marine et d'ingénieurs, s'étant déterminée pour Cherbourg, on s'occupa des moyens. Il était important que la nouvelle rade réunît deux avantages, celui de protéger les vaisseaux contre une escadre ennemie qui viendrait les attaquer avec des forces supérieures, et contre l'impétuosité des vagues.

Il existait un premier projet, consistant à construire dans la mer, à une distance de près d'une lieue du port, dans un endroit qui, dans quelques parties, a jusqu'à soixante-dix pieds d'eau à la haute mer, une île de mille toises carrées de surface, sur laquelle on aurait construit une forteresse, dont les feux se seraient croisés avec ceux des forts de l'île Pelée et de Querqueville. Si ce projet donnait quelque sûreté contre les attaques de l'ennemi, il n'en donnait aucune contre les tempêtes. Ces raisons décidèrent le Roi à adopter celui qui avait été présenté au ministre (M. de Castries), par M. de Cessart.

Ce projet consistait à construire quatre-vingt-dix cônes tronqués, assez élevés pour surpasser les plus hautes mers, et assez spacieux pour, en se joignant par leurs bases, former une digue de près de deux mille toises de longueur; ce qui laissait encore une passe de chaque côté, en face des forts de l'île Pelée et celui de Querqueville, de quatre cents toises pour la première, et de près de mille pour la seconde. Des chaînes de fer devaient, en fermant les distances que les cônes laissaient à leur sommet, compléter la défense de la rade. La difficulté la plus grande consistait, lorsqu'on serait venu à bout de couler à fond chacune de ces espèces de caisse, à la place qu'on leur avait destinée, de les remplir entièrement de pierres assez promptement, pour que les coups de vents ou l'impétuosité des vagues n'eussent pas le temps de les briser ou de les découronner.

Plusieurs de ces cônes réussirent parfaitement, mais aussi plusieurs furent brisés par leur sommet. Cet inconvénient détermina le gouvernement à changer le projet:

au lieu de quatre-vingt-dix cônes, on n'en plaça que dix-huit, à des distances iné-gales, et on remplit les intervalles par une digue à pierre perdue, laquelle se trouve aujourd'hui consolidée dans toute sa longueur. Cette digue est élevée de plusieurs pieds au-dessus de la basse mer, et en est totalement couverte pendant la haute, mais pas assez pour que les vaisseaux de ligne la puissent franchir : le temps la con-solidera. Si elle s'étale un peu par sa base, on pourra la rehausser par sa crête, et même, avec le temps, l'élever jusqu'au niveau de la plus haute mer, sur-tout lorsque sa base aura acquis toute sa solidité.

Sa hauteur suffit pour arrêter entièrement l'impétuosité des vagues pendant le reflux, et les atténuer considérablement pendant le flux. On peut facilement s'en convaincre, au brisement des vagues, qu'on aperçoit dans toute sa longueur, dans les plus hautes marées. D'ailleurs, le séjour que les vaisseaux de ligne le Brillant et le Triton ont fait dans cette rade, pendant deux années consécutives, doivent donner la plus grande sécurité à cet égard. Quant à la sûreté relative aux entre-prises d'une escadre ennemie, le fort du Homet et celui du Galet, placés presqu'en face de la passe de l'ouest, qui déjà est défendue par le fort de Querqueville, rendent ce passage très-difficile ; tandis que celle de l'est, qui n'a que quatre cents toises, est défendue par le fort de l'île Pelée. Le fond de cette rade artificielle est très-bon : elle a presque partout, dans les plus basses eaux, vingt-cinq à trente pieds.

L'avant port est totalement fini, et l'arrière port est commencé. Le premier a une forme pour les radoubs, et un chantier sur lequel plusieurs vaisseaux de ligne ont déjà été construits, et où plusieurs autres sont en constructions. On voit par le rapport fait à l'Assemblée constituante, en 1791, par M. de Curt, qu'à cette époque, on avait déjà dépensé, à Cherbourg, 31,215,635 francs ; ce qui ne doit pas étonner d'après l'arrachement et le transport de trois cent soixante mille toises cubes de pierres, qu'il avait fallu charrier de fort loin pour former cette digue à une aussi grande profon-deur ; on estime la superficie du mouillage à un million trois cent mille toises. Depuis cette époque, on a encore dépensé des sommes très-considérables. Cette rade arti-ficielle prouve que rien n'est impossible au génie, sur-tout lorsque l'amour de la patrie et celui de la gloire animent les savans et les artistes. Ce travail, en général est un de ceux de ce genre qui fait le plus d'honneur à la nation française, et qui a un plus grand but d'utilité.

Ozanne del.   Y. le Gouaz sculp.

LE PORT DE GRANVILLE.

Vu de la Jettée.

GRANDVILLE.

GRANDVILLE, *Granivilla*, est situé dans le département de la Manche. Cette ville ne tient au continent que du côté du levant. On a ouvert de ce côté un fossé de vingt pieds de large et d'une profondeur proportionnée, qui reçoit les eaux de la mer. Ce fossé est taillé dans le roc. La ville, d'une forme ovale, ceinte d'une seule muraille, réparée en 1731 sous le règne de Louis XV, est bâtie en amphithéâtre sur un rocher escarpé. Ses rues en général sont étroites et difficiles à gravir. Ses maisons sont construites d'une pierre tirant sur le granit, qui se trouve dans une carrière des environs : elles sont en général assez bien bâties. Un désagrément qui s'y rencontre dans les grandes sécheresses, c'est le manque d'eau douce.

Les deux faubourgs de cette ville, qui même n'en forment qu'un, sont situés vers le midi; son port, placé au pied du rocher, est fermé par un môle bâti en pierre sèche, de deux cents toises de longueur, sur cinq d'élévation et autant de largeur : il peut contenir environ soixante bâtimens. La pêche de ce port est assez importante; on y arme beaucoup de navires pour celle de la morue, au banc de Terre-Neuve, et sur-tout pour la morue verte de la baie de Gaspée. Tandis que les maris sont occupés aux pêches lointaines, leurs femmes et leurs filles s'occupent de celles des huîtres ; la plupart de celles qu'on vend à Paris pour des huîtres de Cancale, viennent de Grandville, et n'en sont pas moins bonnes.

Lors de la guerre de la Vendée, au milieu du mois de novembre 1793, à cette malheureuse époque, où le français se battait contre le français! le frère contre son frère! un corps considérable de Vendéens, après avoir passé la Loire, vint se présenter devant Grandville, qu'il somma de se rendre. Quoique sa population soit peu nombreuse, puisqu'elle atteint à peine à six mille âmes, et qu'il n'y eût alors que fort peu de soldats dans ses murs, le courage suppléa au nombre; les femmes, les enfans même, animés d'une égale ardeur, rivalisaient de courage avec leurs maris et avec leurs pères. Bientôt les canons des vaisseaux sont montés dans la ville, et répandent la terreur et la mort parmi les assiégeans, qui déjà s'étaient emparés des faubourgs. Dans leur désespoir, les habitans de Grandville résolurent d'y mettre le feu pour en déloger les Vendéens. Déjà la flamme, poussée par les vents, était prête d'embrâser la ville même, à laquelle l'incendie commençait à se communiquer, lorsque les assiégeans, découragés par une si vigoureuse défense, et par plusieurs assauts dans lesquels ils avaient été repoussés, prirent la fuite, malgré les sollicitations de leurs chefs, laissant quinze cents morts au pied des murailles de Granville.

N. Ozanne del.   31.   Y. Le Gouaz

LE PORT DE GRANVILLE.

Vu du Pont.

LE PORT DE S^T. MALO.

Vu devant S^t. Servan, en face de l'Eperon.

LA RADE ET LE PORT MALO.

Vu de la Briantais

Dessiné par N. Ozanne.
Gravé par Y. le

SAINT-MALO.

Saint-Malo, *Maclovium*, *Maclopolis*, ville riche et commerçante, est située dans le département d'Ile et Vilaine. Construite sur un rocher appelé autrefois l'île d'Aaron, elle ne tient au continent que par une chaussée longue de deux kilomètres, connue sous le nom du Sillon. Saint-Malo doit son origine aux habitans d'Aleth, ancienne ville placée où est aujourd'hui Saint-Servan, dont les habitans, afin de se soustraire aux excursions des pirates du nord, se retirèrent, dans le huitième siècle, sur ce rocher plus facile à défendre. Ils lui donnèrent le nom de leur évêque.

La ville de Saint-Malo est forte; elle a un château flanqué de bastions, bâti par la Duchesse Anne. Ses murailles, qui sont très-épaisses, sont aussi fort hautes, et, par conséquent masquent l'aspect de ses monumens, qui d'ailleurs sont peu importans. Ses rues en général sont fort étroites, et ses places peu régulières; si ce n'est cependant celle de la Grande Cohue, qui est environnée d'assez belles maisons, ainsi que celle qu'on appelait autrefois la place de Saint-Vincent. Cette ville dut à sa situation le calme dont elle jouît à l'époque malheureuse des guerres de la ligue.

L'entrée de sa rade est difficile, à cause des rochers en grand nombre qu'on y rencontre, et sur lesquels la frégate anglaise l'Atalante se perdit en 1801. Le port, renfermé entre la ville et la langue de terre qui l'unit au continent, est fort commode. La rade est défendue par différens forts construits sur les rochers, dont le principal, celui de la Conchée, est bâti par Vauban.

Les Malouins sont excellens marins; ils se sont distingués de tout temps par des entreprises hardies. Ce fut un Malouin, Jacques Cartier, qui, en 1534, découvrit le Canada. Ce fut des négocians de Saint-Malo qui, en 1711, firent les avances de l'expédition glorieuse de Duguay-Trouin sur Rio-Janeiro. Dans toutes les guerres avec l'Angleterre, ce furent les armateurs de Saint-Malo qui firent le plus de tort à son commerce. Aussi les Anglais ont-ils souvent cherché à détruire cette ville. Ils la bombardèrent en 1693, mais sans lui faire aucun mal. Ils essayèrent inutilement, dans la guerre de 1746, de la renverser au moyen d'une machine infernale. En 1758, lorsqu'ils descendirent à Saint-Servan, ils n'osèrent attaquer Saint-Malo.

Cette ville n'est devenue importante que depuis Anne de Bretagne; mais ce fut sur-tout sous le règne de Louis XIV que son commerce acquit toute sa splendeur, la guerre de la succession ayant ouvert aux Français les ports du Pérou et du Chili. En 1709, les négocians de Saint-Malo, touchés de la malheureuse situation des finances de l'Etat, portèrent au trésor public trente millions de piastres.

Cette ville a une bourse et un tribunal de commerce; ses relations sont fort étendues. Son pavillon est connu sur la côte d'Afrique, comme sur celles de Terre-Neuve et des Indes orientales. En juillet 1819, on a posé la première pierre d'un nouveau quai qu'on va y construire. Autrefois le port de Saint-Malo était gardé la nuit par des dogues, mais les divers accidens qui en résultèrent furent cause de la destruction de ces animaux. La population est d'environ dix mille âmes. Parmi les grands hommes qui y sont nés, nous citerons Duguay-Trouin, mort en 1736, de simple matelot parvenu, par ses exploits, au grade de lieutenant-général des armées navales; Maupertuis, connu par ses savans ouvrages en astronomie et en mathématique, mort en 1759.

SAINT-SERVAN.

La ville de Saint-Servan, séparée de Saint-Malo par un bras de mer, à sec dans les basses marées, pourrait être regardée comme un faubourg de cette dernière. Située à l'embouchure de la Rance, elle a une rade assez commode; deux ports séparés par un rocher sur lequel est bâti la tour de Solidor, qui donne son nom à l'un de ses ports, dans lequel on peut construire de grosses frégates et où les vaisseaux de ligne d'une moyenne force peuvent entrer. Ce port est défendu par un fort construit sur la hauteur de la pointe de la cité. Cette ville fut prise en 1758 par les Anglais qui y brûlèrent quatre-vingts vaisseaux marchands. La population de Saint-Servan est presque égale à celle de Saint-Malo.

SAINT SERVAN

Vu de la porte de la Marine de St. Malo.

N. Ozanne del.

Y. le Gouaz

LE PORT DE MORLAIX.

Vu du Quai de la Manufacture de Tabac.

MORLAIX.

MORLAIX, Mont Relais, *Mons relaxatus*, ou Montroulés en breton, ville située dans le département du Finistère, s'élève sur les flancs de deux montagnes, au bord des rivières de Kerleut et de Jarleau.

La fondation de cette ville se perd dans la nuit des temps. Suivant Conrad, Archevêque de Salisbury, elle fut d'abord nommée Julia. Drennalus, disciple de Joseph d'Arimathie, passant par Morlaix en l'an 73, en convertit les habitans. En 382, Flavius Maximus Clemens y aborda. En 498 Hoël second, Duc de Bretagne, maria sa fille, la princesse Aliénor, au vicomte de Léon, et lui donna en dot cette ville, que ses descendans possédèrent jusqu'en 1177. Dans la suite, les Ducs de Bretagne et de Léon s'en étant disputé la propriété, les premiers appelèrent à leur secours les Anglais, qui s'en emparèrent et la gardèrent. Ils en furent chassés par Duguesclin. L'ayant reprise en 1374, ils en furent encore dépossédés par les Français.

En 1381, Morlaix fut rendu au Duc de Bretagne par le traité de Guérande. Cette ville fut encore reprise et saccagée par les Anglais en 1522; mais dans leur retraite, six ou sept cents d'entre eux, gorgés de vin et endormis à peu de distance de la ville, furent taillés en pièces par le seigneur de Laval, et leur sang rougit l'eau d'une fontaine appelée encore aujourd'hui Fontaine des Anglais.

Remise à la France, comme toute la Bretagne, lors du mariage de Charles VIII avec la princesse Anne, elle souffrit ensuite, comme tout le reste du royaume, des maux inséparables des guerres de la ligue, et ce ne fut qu'en 1594 qu'elle se soumit à Henri IV.

Les quais de Morlaix sont beaux et accompagnés d'assez belles maisons. On voit dans cette ville de très-beaux aqueducs. L'Hôtel-de-Ville est un vaste bâtiment construit vers le commencement du dix-septième siècle. Sa bibliothèque publique, nombreuse et bien choisie, est remplie d'assez belles et rares éditions. L'église de Saint-Martin, d'un style assez moderne, est un fort joli bâtiment. Le clocher de Saint-Mathieu, dont on jeta les fondations en 1548, est très-remarquable. Cette ville possède un hospice civil et plusieurs hospices militaires bien entretenus. Elle a aussi de très-beaux lavoirs, mais point de fontaines ni de jardins publics. Sa population est d'environ douze mille habitans.

Le port de Morlaix est un des plus commerçans du Finistère ; ses quais, bâtis en 1771, sont revêtus en granit, et ornés dans toute leur longueur d'une rampe de fer qui sert de garde-fous. Des calles bien distribuées facilitent l'embarquement et le débarquement des marchandises. Des navires de trois ou quatre cents tonneaux peuvent les décharger à la porte de leurs propriétaires. Cependant, il est à craindre que l'encombrement, des vases amenées par les marées, n'empêchent bientôt les vaisseaux d'une certaine force d'en approcher. Une écluse de chasse, placée au fond du port, pourrait remédier à ce grave inconvénient.

L'entrée de ce port était extrêmement dangereuse, avant les travaux exécutés par M. de Cornic, en 1776. Il est prouvé qu'en trente ans, il s'est perdu vingt-cinq navires sur les rescifs qui bordent la rade, dans laquelle cependant on peut entrer par quatre passes, de douze brasses de profondeur dans les plus basses marées. L'entrée du port est défendue par une ancienne forteresse, qu'on nomme le château du Torreau.

Morlaix et ses environs contiennent un grand nombre de manufactures, telles que tanneries, moulins à papier, à huile de lin, toileries. Son commerce consiste en toiles, grains, bœufs, porcs, moutons, chevaux, lins, chanvres, cires, beurres, miels, suifs, etc., etc. ; il s'y tient aussi plusieurs foires, toutes assez bien fournies.

Albert-le-Grand, auteur de la vie des saints de la Bretagne armorique, qui sont très-nombreux, était de Morlaix. Son ouvrage, où l'on trouve beaucoup de merveilleux, est cependant un chef-d'œuvre, quand on l'envisage du côté des recherches et de l'érudition. Il conserve l'originalité, le caractère de l'imagination de la contrée ; il retrace une infinité d'usages de la plus haute antiquité. C'est une espèce de fumier dans lequel on trouve souvent des perles.

Lorsqu'en 1548, la malheureuse Reine d'Ecosse, Marie Stuart, vint en France pour épouser le Dauphin, depuis François II, ce fut à Morlaix où elle débarqua. Sortant de l'église après le *Te Deum*, cette princesse allait mettre le pied sur le pont-levis de la porte dite de la Prison, lorsque le poids de la cavalerie le fit rompre : triste avant-coureur des malheurs qui l'accablèrent et qui terminèrent sa vie

LE PORT DE MORLAIX.

Vu de la grande Place près St. Blaise.

LE PORT DE ROSCOF.

Vu de Porsglaspe

ROSCOFF.

Roscoff, petite ville située dans le département du Finistère, à l'entrée de la baie de Morlaix, près de Saint-Pol de Léon, dont il sert comme de faubourg, fut saccagée et brûlée en 1374, sous le règne de Charles V. Rétablie en 1404, elle servit à Penhoat, amiral de Bretagne, pour ravitailler sa flotte, lors de la victoire qu'il remporta sur l'armée navale d'Angleterre, à la hauteur de Saint-Mathieu. Le Duc de Bretagne, François, père de la Duchesse Anne, accorda divers priviléges à ses habitans. En 1500, ils abandonnèrent leur ancienne ville, dont le port était obstrué par les sables, et en bâtirent une nouvelle sur la rive orientale de la péninsule, où ils construisirent une digue, qui forme le port actuel.

Aucun port de la côte septentrionale du Finistère n'est situé aussi avantageusement que celui de Roscoff, mais il s'ensable comme tous ceux de la même côte. La ville est bâtie sur le sable; les maisons sont fort petites; on y trouve cependant des magasins assez considérables : elle manque de fontaines publiques, ainsi que de halles et de marchés. Sa population n'est guère que de mille personnes : quatre villages environnans, et qui en dépendent, l'augmentent d'environ deux mille âmes.

Le bassin qui forme le port, est fermé par un môle de vingt pieds de largeur sur cent soixante toises de longueur. On projette depuis long-temps d'exécuter une autre jetée, qui ne laissant qu'une passe de trente-cinq toises, augmenterait considérablement la surface du bassin, et s'opposerait efficacement à son encombrement. Dans son état actuel, le bassin ne peut contenir qu'une cinquantaine de barques ou petits navires, tirant de sept à vingt pieds d'eau. Ce port a l'avantage qu'on y peut entrer et sortir par tous les vents. A la basse marée, on aborde difficilement à Roscoff, parce qu'on trouve partout ou des rochers glissans ou des mares d'eau vaseuses.

En temps de paix, Roscoff est l'entrepôt d'un commerce considérable avec l'Angleterre : il s'y faisait autrefois, par Gersey et Guernesey, un négoce en interlope de plusieurs millions : il passait, par ce moyen, dans ces îles, beaucoup de vins, d'eau-de-vie, sels, toiles et autres denrées.

La terre des environs de cette ville est très-féconde en légumes de toute espèce. En temps de guerre, ses habitans très-laborieux, de marins deviennent cultivateurs. Il part tous les jours de Roscoff un nombre considérable de voitures encombrées, qui transportent à Brest, à Morlaix, à Landerneau, l'excédent des récoltes potagères de ce district. Le bois est très-rare dans cette ville ; dans des hivers très rudes on a été contraint d'y brûler des arbres fruitiers : on se chauffe communément dans les campagnes avec du goéman ou de la fiente de vache.

Parmi les divers usages singuliers, qui se pratiquaient encore à Roscoff à l'époque de la révolution, nous citerons celui-ci : Les femmes dont les maris ou les amans étaient en voyage, balayaient, après la messe, la chapelle qu'on nommait la Sainte Union, et en soufflaient la poussière du côté par lequel ils devaient revenir ; elles se flattaient, par cet innocent sortilège, d'obtenir le vent favorable à leur amour. Ce fait rappelle une pratique originale, qui était en usage sur la côte du Croisic. Les femmes et les filles de ce canton, parées de leurs plus beaux atours, les cheveux épars et le sein orné d'un beau bouquet de fleurs nouvelles, s'élançaient sur un roche voisin, et là, les yeux fixés vers le ciel, les bras élevés, chantaient ces mots:

Goëlans, goëlans, (1)
Ramenez-nous nos maris et nos amans.

Cet usage sentimental nous reporte aux âges antiques, où nos pères prêtaient une ame, une intelligence particulière à de certains animaux, sur-tout aux oiseaux qu'ils croyaient les ministres aériens de la volonté des dieux, et l'enveloppe ailée de nos aieux, punis, par la métempsycose, des fautes qu'ils avaient commises(2).

L'île de Batz, située en face de Roscoff, et à peu de distance, tenait autrefois au continent ; elle n'a pas plus d'une lieue de long, sur trois quarts de large; sa population est d'environ huit cents personnes. Cette île est d'un assez difficile accès sur-tout à marée basse; aussi ses habitans ont-ils existé long-temps avant de parvenir à la civilisation; on assure même qu'en 1648 ils n'avaient qu'une idée confuse de la religion catholique, et qu'à cette époque, ce fut un nommé Michel Noblet qui devint leur apôtre. Le canal qui sépare cette île du continent, est une excellente relâche pour les vaisseaux qui naviguent dans la Manche. Ses habitans, très-pauvres, partagent leur travail entre la pêche et la culture de leur aride rocher.

---

(1) Oiseaux assez communs sur cette côte.
(2) Voyage au Finistère.

BREST.

Brest, *Brivates*. La position avantageuse de ce port, situé dans le département et près le cap du Finistère, fait présumer son ancienneté; on prétend qu'une tour, nommée tour de César, qui fait partie de son château, a été bâtie par ce général célèbre, et que la construction de ce même château est antérieure à 406 (1). Suivant la notice de l'empire, dressée sous les enfans de Théodose, les Romains avaient mis des garnisons à Rennes, à Vannes, etc. Quelques auteurs ont pensé que Brest était le *Brivates-Portus* des Ossimiens, ainsi nommés par Ptolémée, et le *Gesobribate* des tables théodoziennes.

En 1065, Conan deuxième, Duc de Bretagne, augmenta la ville et fortifia le château. En 1289, Hervé-de-Léon donna l'une et l'autre au duc Jean Ier. En 1373, Brest se trouvant sous la domination des Anglais, Jean de Montfort l'assiégea quatre fois inutilement; mais, en 1395, Richard II, roi d'Angleterre, remit cette place à Jean V.

Le cardinal de Richelieu, sentant l'importance de cette ville sous le rapport maritime, l'augmenta considérablement en 1631, et y fit construire un grand nombre de magasins.

Nous ne saurions rien ajouter à la description pittoresque qu'a fait de l'entrée du port de Brest M. de Cambry (2), ses fonctions administratives l'ayant mis à portée de se procurer une infinité de détails intéressans sur la partie de la Bretagne qui l'avoisinait. Nous le citerons souvent; mais ici nous le laisserons parler.

« Nous entrons dans la rade de Brest, dont la grandeur, la sûreté, les forti-
» fications majestueuses en imposent au spectateur. Brest paraît bientôt dans le
» nord entouré de ses bastions, défendu par mille bouches à feu, couronné

---

(1) Manuscrits de Petit, déposés à la bibliothèque de l'Académie de Brest.
(2) Voyage dans le Finistère; 1795.

» d'un château massif. Les caps, les enfoncemens, les îles variées de forme,
» les collines de Plouescat, l'embouchure vaporeuse de l'Elorn, des montag.
» lointaines, des rivages à pic et dépouillés, quelques forêts éparses sur un esp.
» immense; la masse imposante des vaisseaux à trois ponts, la légèreté des frégal.
» cent pavillons flottans au gré des vents; des milliers de voix, des cris, t
» sifflemens qui se confondent; le bruit du canon roulant sur le rivage, réper.
» par cent mille rochers; ces chaloupes énormes, à cinquante avirons, guid.
» par des forçats; ces bricks, ces bâtimens légers qui coupent comme un trait!
» surface de l'onde, mille canots en mouvement, sont un des plus grands spectac.
» que l'homme puisse se procurer. J'ai vu des ports plus imposans, plus majestueu.
» mieux ordonnés que celui de Brest; des rades plus vastes, mais jamais d'au.
» sûre, d'aussi bien défendue, de mieux proportionnée. C'est le plus gra.
» théâtre que je connaisse de la force et de la puissance humaine. »

La rade de Brest, ou pour mieux dire la baie, a plus de deux lieues t
longueur sur plus de la moitié de largeur; le goulet qui y conduit a une lieue de lo.
sur sept cent cinquante toises de large; deux batteries formidables qui se croisent
son entrée, en rendent le passage impossible à une escadre ennemie. Des roch.
à fleur d'eau qui se rencontrent dans ce détroit, sur-tout celui du Mingan,.
terreur des marins, le rendent dangereux sur-tout dans le gros temps. Les co.
de vent sont si violens sur cette côte que, sur la pointe de Saint-Mathieu, sit.
à l'entrée du goulet, à cent cinquante pieds au-dessus du niveau de la mer, on.
quelquefois couvert d'écume, sur-tout dans les vents de sud-ouest.

« C'est sur la pointe de Saint-Mathieu, dit M. de Cambry, que les amis,.
» mères, les amantes tendent les bras, présentent leurs enfans, fondent.
» larmes au départ des vaisseaux qui sortent pour la guerre ou pour les cou.
» éloignées. C'est là qu'on les attend, qu'on les salue, quand une flamme bienfais.
» ou le canon annonce leur retour : on les appelle, on les suit le long du riva.
» on ne peut les perdre de vue; impatience, cris d'allégresse, mouchoirs agi.
» dans les airs, marche précipitée, inquiétude, battemens de cœur, convulsi.
» tout genre de sentiment, d'émotion, d'amour, d'amitié; tout mouvement qu.
» cœur détermine, se manifestent sur ce rocher aride et sur ces routes mom.
» tanément animées. C'est là qu'après une victoire on entend des chants.
» triomphes : c'est là qu'après des sorties imprudentes ou des combats sanglan.
» malheureux, on pleure sur le sort des milliers de victimes que l'ignorance.
» le hasard viennent de livrer à la mort; sur le délâbrement d'une flotte ruin.
» sur les vaisseaux perdus, et sur le déshonneur, plus cruel aux François que to.
» espèce d'infortune. »

La rade de Brest, entourée de rochers qui l'abritent des vents, est extrêmem.
sûre; cinq cents vaisseaux de ligne, et un nombre proportionné de frégat.

LE PORT DE BREST.

Vu du Magasin des vivres en face de la Chaîne

LE PORT DE BREST.

Vu de la cale de construction.

autres petits bâtimens, y seraient à l'aise et y pourraient manœuvrer. La flotte la plus belle qu'on ait vu dans cette rade, tant pour le nombre des navires que pour leur force, est celle de France et d'Espagne réunie en 1779, aux ordres de MM. d'Orvilliers et de Cordova. Cette flotte, composée de soixante-six vaisseaux de ligne, fut maîtresse de la mer pendant toute la campagne, et força l'armée anglaise à se retirer dans ses ports.

L'entrée du port de Brest est défendue par un château et par des ouvrages construits sur Recouvrance, par une batterie qui commande toute la rade, et par celle de la pointe. Après avoir franchi la chaîne, qui se ferme tous les soirs et qu'une patache surveille, vous avez la ville à droite et Recouvrance sur votre gauche. La machine à mâter est le premier objet qui frappe la vue; elle est placée au bas du château, à l'entrée du quai. Ce quai, sans être décoré, est large et rempli de marchandises de toute espèce, comme vins, eaux-de-vie, et divers comestibles. On y débarque avec facilité, au moyen de calles multipliées. Une rampe assez rapide vous conduit à la place d'Armes du château et sur les points les plus élevés de la ville.

En face de ce quai, du côté de Recouvrance, sont bâtis l'arsenal, les hangars, les forges, les magasins particuliers des vaisseaux et les bassins de constructions. En s'avançant dans le port, le premier bâtiment qu'on aperçoit est un grand magasin dont les salles basses, connues sous le nom de Sainte-Barbe, contiennent tout le matériel de l'artillerie des vaisseaux et des batteries. Les étages supérieurs servent d'ateliers aux ouvriers qui travaillent aux diverses armes. De-là jusqu'à Pontaniou sont situés vingt-cinq magasins particuliers, contenant les divers ustensiles, les voiles, les agrès, les câbles d'un nombre égal de vaisseaux du premier rang. Sur le large quai qui les borde, ainsi que l'arsenal, sont rangés les canons et les mortiers des vaisseaux.

La première aile de Pontaniou contient des hangars servant de magasins pour le mobilier des bâtimens du second, troisième et quatrième rang. Ces hangars sont suivis de ceux servant à la tonnellerie et à la poulierie. L'autre aile de Pontaniou est occupée par quatre magasins particuliers, destinés au désarmement des frégates, par d'autres magasins pour le fer, les futailles, et par trois forges relatives aux ancres et à la clouterie. On y trouve aussi plusieurs formes, où l'on construit les plus gros bâtimens. Un grand hangar couvert en ardoises permet d'y construire des frégates à l'abri des injures de l'air. La fontaine où les vaisseaux prennent leur eau, est située à l'extrémité du quai.

Au fond du port, au bout du quai de Recouvrance, on trouve l'atelier de sculpture, des forges, des magasins de bois et le dépôt des mâts. On y trouve aussi des calles pour construire ou refondre les vaisseaux, et un emplacement pour l'examen et la réception des bois de construction. Du côté de Brest, une immense corderie, le Jardin du Roi, le magasin général, les bureaux des classes, le bagne, forment le parallèle des constructions élevées le long de Recouvrance et de Pontaniou. Tous ces bâtimens sont édifiés sur le roc, aux dépens de la montagne.

Le port est fermé par deux tours carrées qui, des deux côtés, complètent les fortifications de l'enceinte. Près de son entrée, en face de l'ancien hôtel de l'Intendance, vous trouvez le bassin; les bâtimens qui l'entourent sont, la salle de l'Académie, la Bibliothèque, le Contrôle, le dépôt des plans et machines, etc. L'Ecole des gardes de la marine occupe le pavillon qui se trouve au fond de cet emplacement.

Le port de Brest est un canal fort long et assez étroit, qui peut contenir seize vaisseaux du premier et du second rang, vingt-quatre du troisième, dix du quatrième, et vingt-six frégates ou autres bâtimens, sans compter une multitude de bricks, chaloupes, etc. Si la rade de Brest l'emporte de beaucoup sur celle de Toulon, le port de cette dernière est bien supérieur à celui-ci, où tout est en général trop resserré, ce qui met beaucoup de confusion, sur-tout dans les grands armemens. Le rapprochement où sont tous les établissemens nécessaires à la marine y rendrait un incendie extrêmement dangereux. On pourrait aussi désirer plus de goût et de noblesse dans la décoration architecturale de ses nombreux bâtimens, qui sont d'une trop grande simplicité. Il manque à Brest des hôpitaux assez spacieux pour les besoins d'une grande armée, où les circonstances d'un combat ou d'une épidémie peuvent mettre sept ou huit mille hommes sur les cadres.

Les matelots bretons peuvent être regardés comme les meilleurs matelots du monde; rien ne les étonne, rien ne les effraie; avec un pantalon, deux gilets, deux chemises et deux mouchoirs, ils affrontent tous les climats; la chaleur brûlante des tropiques, les mers glacées des pôles, n'affectent ni leur tempérament ni leur caractère; leur sobriété est égale à leur courage. Dans sa famille, le matelot breton est bon époux, bon père, gai, généreux. Il meurt avec cette fermeté, cette résignation que peut donner seule la force d'âme augmentée encore par l'habitude des dangers.

La ville de Brest est dominée par des collines et entourée de remparts garnis d'arbres, ce qui ne lui permet pas d'avoir une vue fort étendue du côté de la terre, tandis que du côté de la rade le coup-d'œil est des plus riches et des plus variés. La Grande Rue, qui descend au port, et celle de Siam, plus élevée, sont les principales de la ville, qui, étant bâtie sur le penchant d'une colline, est remplie d'inégalités qui nécessitent différens escaliers, de distance en distance, pour en faciliter les communications. Plusieurs maisons de Brest et de Recouvrance se trouvent adossées aux collines environnantes, de manière qu'il faut monter jusqu'à cinq étages pour arriver au jardin. La Salle de Spectacle, les bureaux de l'Agence

LE PORT DE BREST.

Vu du Chénal, devant le nouveau Quai.

maritime, quelques hôtels et les bâtimens qui entourent la Place d'Armes, contras-tent singulièrement avec les anciennes rues, qui en général sont étroites, obscures et environnées de vieilles maisons mal bâties. La ville de Brest a une sous-préfecture et un commandant maritime. Sa population est d'environ vingt-six mille âmes.

Le département du port de Brest s'honore d'un grand nombre d'officiers du plus grand mérite ; on a vu dans le siècle dernier, les Dorvilliers, les Duchaffault, les Lamothe-Piquet, les Guichen, les Laprévalaye, les Kersaint, les Bougainville, et beaucoup d'autres, illustrer la marine française (1). Il existait avant la révo-lution dans le corps de la marine, et il faut le dire, sur-tout dans le département de Brest, une insubordination, une morgue, qui ont souvent été fatales au succès de nos escadres ; espérons qu'elles ne renaîtront pas. Pour en donner une idée à nos lecteurs, nous laisserons parler M. de Cambry.

« Paris, dit-il, fut le séjour de l'amabilité, Londres l'asile du commerce, Rome » le temple des beaux-arts, Brest celui de l'orgueil. Le vice-amiral D...., pour avoir » fréquenté son ami de collége, coupable de servir dans l'infanterie, fut obligé de » se battre avec lui, et le tua dans un duel. Cette funeste obéissance à l'esprit de son » corps fit le malheur de sa longue existence ; il voyait sans cesse cet ami, pâle, » mourant, le jour, la nuit, au milieu des batailles ; et, par une faiblesse excu-» sable, il attribuait à son ombre vengeresse, les dix-neuf blessures qu'il reçut » dans les dix-neuf combats qu'il livra. Un an avant sa mort, il m'a conté ce » trait, désespéré, tremblant, fondant en larmes.

» Le M....... de la M....... coupa la tête au maire de F....... qui l'avait mal logé, » disait-il, quoiqu'il lui donnât sa maison, la plus commode de la ville. Il ne fut » pas puni de cette atrocité.

» Le jeune C.... évitait de rencontrer son père, capitaine de frégate, mais intrus » dans le grand corps, n'ayant pas été garde de la marine. Sur les tendres » reproches de ce père étonné, C.... lui dit en balbutiant : Que voulez-vous, mon » père, vous êtes un intrus.

» L'infortuné Laborde venait de perdre ses enfans ; on disait devant moi, en les » plaignant : Les malheureux ! à la fleur de l'âge, avec une immense fortune ! » Du L......., lieutenant de vaisseau, s'écria : Qu'allaient-ils faire dans cette galère ! » Ils prétendaient avoir été forcés par la Reine d'entrer dans la marine : qu'a de » commun cette femme avec notre état ? Si le malheur n'était encore tombé que » sur des polissons de cette espèce ; mais dans cet événement nous avons perdu » de dignes camarades que je regrette.

---

(1) Ozanne, qui a dessiné cette collection, et son frère aussi ingénieur de la marine, étaient de Brest, ainsi que Gouaz, qui l'a gravée.

» Quels désagrémens n'éprouva pas le comte Destaing! ses victoires, son dévoûment
» ne le lavèrent jamais de n'avoir pas été garde marine.

» Pauvres officiers auxiliaires! que d'humiliations, que de dégoûts, que de mépris
« n'avez-vous pas endurés, malgré votre patience, votre soumission, vos travaux conti-
» nuels et vos talens bien reconnus? Ce capitaine, instruit dans les voyages de long
» cours, homme éclairé, jouissant d'une fortune acquise dans le Bengale, aux Indes, en
» Amérique, reçu dans tous les cercles de Paris, fait au style de la bonne compagnie,
» mangeait au bout de la table, humilié par le développement d'un orgueil
» qu'on n'avait pas la délicatesse de dissimuler.

» Existait-il un degré d'abaissement égal à celui qu'éprouvait un bourgeois de
» Brest? Il prêtait, on ne lui rendait pas; avait-il une femme, elle était insultée;
» traversait-il la rue, on le couvrait de boue; se fâchait-il, on l'assommait; se
» plaignait-il, il allait en prison.

» La subordination, si nécessaire, était nulle dans ce corps bizarre : les gardes
» marines, à seize ans, traitaient avec légèreté, avec mépris, leurs chefs à cheveux
» blancs; ils disaient en proverbe : plat et bête comme un capitaine de vaisseau.
» L'homme qui commandait une escadre était l'objet de la haine, du mépris
» des chefs qui marchaient sous ses ordres; nul accord, nulle obéissance; on
» voulait vaincre isolément. Vous avez vu sous le comte de Grasse, dans mille
» occasions, combien cet esprit détestable était dangereux pour la France, que de
» sang il a fait couler, que de vaisseaux il a conduit dans la Tamise. En vain
» les ministres tentèrent de le détruire, ils cédaient à l'ascendant du corps, ou se
» retiraient disgraciés..... La révolution pouvait seule changer l'esprit de ce corps
» dangereux : puisse-t-il se régénérer et se persuader que, sans subordination, sans
» une obéissance passive, sans étude et sans théorie, il ne paraîtra jamais sur la
» mer que pour baisser son pavillon. »

Si le département du Finistère, situé à une extrémité du royaume, sans communication nécessaire avec d'autres pays, a conservé, chez les habitans des campagnes, d'anciennes superstitions, inconnues aujourd'hui dans le reste de la France, et même dans
toute l'Europe, les habitans n'en sont pas moins humains et hospitaliers. Les différentes superstitions que je vais rapporter, d'après M. de Cambry, sont peut-être
moins fréquentes aujourd'hui.

Un *de profundis*, et deux liards donnés aux trépassés, font retrouver les objets
perdus. Le même sacrifice vous fait éveiller par les morts à l'heure que vous leur
indiquez.

Quand les corbeaux voltigent au-dessus des villes, c'est signe de maladies.

Quand, le jour de la Trinité, les prêtres chantent la préface, toutes les fontaines
bouillonnent.

A Plouider, on fait bénir du pain sous l'influence de saint Didier; ce pain fait

LA RADE DE BREST.

Vue de Kérorien dans l'Est du Port.

parler les enfans. Saint Isidore fait mourir les taupes. Saint Yves fait lever la pâte. Saint Herbot aide à faire le beurre. La veille de Noël on fait jeûner les bestiaux. A Trefflès, sainte Gertrude, moyennant une offrande de poulets, guérit les rhumatismes et les maladies de langueur; ces poulets revendus, préservent de tout accident les basses-cours de ceux qui les achètent. Saint Trégaré guérit la surdité, au moyen d'une pièce d'argent, trempée dans l'huile bénite, qu'on applique sur la partie malade, et qu'on laisse ensuite sur l'autel.

Saint Eloi est le patron des chevaux; quand ils bâillent on leur dit : saint Eloi vous assiste.

A Landerneau, on se rappelle saint Guignolé et son clou merveilleux pour faire cesser la stérilité. A Loc-Renan, les femmes vont se frotter, pour le même sujet, contre un rocher écorné par la charrette de saint Renan.

Saint Vincent Ferrier, disant la messe à Vannes, va chercher à Rome ses gants et son parapluie qu'il y avait oubliés, et cela en si peu de temps, qu'on ne s'aperçut pas de son absence.

Un loup ayant mangé l'âne d'un pauvre homme, saint Malo l'obligea de remplacer cet animal; ce qu'il fit avec zèle et sans toucher aux moutons renfermés avec lui dans la même étable.

Saint Vouga traversait la mer sur un rocher.

Saint Efflame et ses compagnons avaient des anges lumineux pour cuisiniers.

Si la chemise des enfans s'enfonce dans l'eau de certaines fontaines, l'enfant meurt dans l'année; si elle surnage, il vivra long-temps. On met à ces petites créatures ces vêtemens encore mouillés pour les préserver de tous maux.

Puisque la fontaine de Krignac, où j'ai bu trois fois à minuit, n'a pas guéri ma fièvre tierce, je me décide à mourir, disait un paysan de Quimperlé.

Le chant du coucou, par sa répétition, vous annonce l'année de votre mariage. Quelques personnes, encore de nos jours, se mettent à genoux lorsqu'elles aperçoivent l'étoile de Vénus.

Un évêque, allant à Pont-Labbé, s'enfonce dans un bourbier. Des paysans, qui l'avaient secouru, ayant refusé l'argent qu'il leur présentait, eh bien, dit le saint homme, il n'y aura plus que trois lieues de Quimper à Pont-Croix. Effectivement c'est de cette époque que la distance entre ces deux pays s'est rapprochée.

Il y avait autrefois à Quimper une fontaine dans laquelle était un poisson dont saint Corentin coupait tous les jours moitié pour sa nourriture.

A la Saint-Marc, on fait une procession pour empêcher les hommes et les animaux d'être piqués par les mouches.

Pour guérir le mauvais vent, on réunit neuf feuilles de bétoine sans tache et sans que leurs dentelles soient attaquées par des insectes, neuf grains de sel dans un morceau de toile neuve et non lavée; on coud le sachet avec du fil écru : le tout s'applique au cou. Il ne faut pas oublier de faire un signe de croix sur le paquet, et de donner deux liards au Saint-Esprit; on les dépose dans le tronc de la paroisse, ou dans la main de M. le curé.

Pour ranimer un cheval fatigué, enfermez-le trois jours dans l'écurie, et donnez six sous à M. le curé.

Un homme, un animal, a-t-il le pied foulé, le médecin met de la poussière dans une boîte; il fait une croix sur cette poussière, en disant : au nom du Père, et du Fils, et du Saint-Esprit; *ante, ante te, super ante te.* Le malade est guéri, s'il donne quelques sous à la Sainte-Trinité.

Des trésors sont gardés par des géans ou par des fées. Le sifflement des vents, entendu dans la nuit, est la voix d'un noyé qui demande un tombeau. Les hurlemens d'un chien annoncent la mort.

Le *cariquel ancou*, ou brouette de la mort. Elle est couverte d'un drap blanc; des squelettes la conduisent; on entend le bruit de sa roue, quand quelqu'un est prêt d'expirer.

Sous le château de Morlaix, il existe des petits hommes d'un pied de haut, vivant sous terre, marchant et frappant sur des bassins; ils étalent leur or et le font sécher au soleil. L'homme qui tend la main modestement, reçoit d'eux une poignée de ce métal; celui qui vient avec un sac, dans l'intention de le remplir, est éconduit et maltraité; ceci semble une leçon de modération!

Les laveuses *ar cannerez nos* (les chanteuses de nuit), qui vous invitent à tordre leur linge, et qui vous cassent les bras si vous les aidez de mauvaise grace, et qui vous noyent si vous les refusez, semblent une leçon de charité!

Dans les environs de Morlaix, ou craint des génies nommées Teuss. Le *Teus ar Pouliet* se présente sous la forme d'un chien, d'une vache ou de tout autre animal domestique. Tout l'ouvrage de la maison est fait par eux, comme dans quelques autres provinces par les folets.

On a, dans ces contrées, une vénération profonde pour les morts. On dit à ceux qui marchent sur les pierres sépulcrales : retirez-vous de dessus mon trépassé. Dans de certains cantons, on veille les morts pendant quelques nuits, pour empêcher le diable de les emporter en enfer.

Les mariages, dans le Finistère, offrent aussi d'étranges singularités. Dans certains cantons, le mari enlève sa femme, comme chez les Samnites. Ailleurs, on la cache, et le marié la cherche quelquefois pendant trois jours. Dans d'autres endroits, le marié ne s'approche de sa moitié que la troisième nuit : les époux et les filles et les garçons d'honneur couchent la première nuit dans le même local.

Un autre usage, encore plus bizarre, a lieu dans le Morbihan : après avoir conduit les époux au lit nuptial, le garçon d'honneur, le dos modestement tourné, tient une chandelle à la main et ne disparaît que lorsqu'elle lui brûle les doigts.

Cassin del.

J. le Gouaz sculp.

LE PORT DE LANDERNEAU.

Vu du Quai de St. Julien.

LANDERNEAU.

LANDERNEAU, *Landernacum*, est une petite ville située dans le département du Finistère, à cinq lieues environ de celle de Brest. Elle s'élève sur une colline entre deux montagnes: son aspect est riant, son sol assez riche. En général, ses rues sont mal pavées et assez mal percées. Les maisons y sont couvertes en ardoises. On y trouve quatre fontaines qui y répandent l'eau en abondance, et un pont bâti sur pilotis, qui rend facile la communication entre les habitans des deux rives de l'Elorn, rivière très-poissonneuse qui traverse la ville.

Le port de Landerneau est à l'entrée de la rivière, au fond de la baie de Brest. Il est défendu et protégé par les fortifications et les vaisseaux de ce port. Son mouillage dans les plus hautes marées est de trois ou quatre brasses. Son commerce n'est plus aussi étendu qu'il l'était autrefois.

En temps de guerre, la ville de Landerneau est d'une grande importance pour le port de Brest. Il y existe trois hôpitaux destinés à recevoir les malades et les blessés de l'armée navale; elle sert aussi d'entrepôt pour les vivres de la marine. Ses quais sont vastes et commodes. L'église de Saint-Houardon est un édifice gothique, auquel on arrive par une promenade agréable entourée d'une balustrade: cette promenade est très-fréquentée les soirs d'été, parce qu'on y respire un air pur et frais.

En 1374, Jean IV, duc de Bretagne, ayant pris Landerneau, fit passer au fil de l'épée toute la garnison française qui défendait la place. En 1592, elle fut surprise et pillée par Guy Eder, dit Fontenelle. La population actuelle de cette ville est de cinq ou six mille âmes. Les foires et les marchés y sont très-multipliés. En général, on n'y conclut guère d'affaires que dans les cabarets: les paysans croiraient manquer à la politesse, à l'honneur même, si les libations n'étaient pas abondantes, sur-tout lorsque les transactions sont considérables.

Dans tout le pays de Léon, on porte le deuil avec des manteaux bleus, qui ne descendent pas plus bas que les jarrets; ceux des femmes sont noirs, et ne vont pas au-delà des coudes: ces manteaux ont tous des capuchons. Les personnes du sexe de ce canton sont en général fort jolies, et les hommes plus grands que dans le reste de la Bretagne.

Un usage assez répandu dans le Léonais, lors des mariages, est celui d'enlever la mariée, qu'il faut que l'époux rachète au moyen de quelques galanteries. Les noces y sont très-brillantes : chacun y porte son plat et son cadeau, comme chez les nègres; il n'est pas rare de voir à des noces, chez de pauvres gens, jusqu'à cinq cents convives, qui, par leurs présens, forment l'ameublement et la dot des nouveaux époux. La demande se fait ordinairement en vers, par des poètes ou disputeurs que l'on nomme *baz-valan*. Un de ces poètes termina adroitement sa demande, et ferma la bouche au défenseur de sa belle, par ces quatre vers, que je traduis du breton :

> Fût-elle fille de la maison de Penmarch,
> Depuis assez long-temps je la demande ;
> Est-elle vierge ? Accordez-la :
> A-t-elle cessé de l'être ? Gardez-la.

Quand l'entremetteur a fait ses propositions, on abouche les parties, qui s'adoptent ou se rejettent. Quelquefois, lorsqu'on les réunit ainsi, elles se voient pour la première fois.

L'usage des charivaris existe encore dans cette contrée : les chaudrons, les cloches, les poëles, les crecelles, les hurlemens, font un tintamare affreux. Les principaux acteurs de ces orgies sont déguisés, sous diverses formes les plus bizarres.

On observe dans le district de Landerneau une infinité d'anciens usages qui nous rappellent les temps du paganisme. Quand un moribond va cesser d'être, on consulte la fumée; s'élève-t-elle avec légèreté? Le mourant doit habiter le séjour des bienheureux. Est-elle épaisse ? Il va descendre dans les cavernes infernales. A Plouédern, tout près de Landerneau, si l'œil gauche d'un mort ne se ferme pas, c'est qu'un des plus proches parens du défunt doit le suivre au tombeau.

A trois quarts de lieue de la même ville, la fontaine de Bodill's indique aux amans si leur maîtresse a conservé son innocence. Pour le savoir, on lui dérobe l'épingle ou l'épine de sa colerette, la plus voisine du cœur; on la pose légèrement sur la surface de l'eau : si elle s'enfonce, tout est perdu. Nous disons épine, parce que, dans ce canton, la plupart des femmes se servent encore d'épines de diverses grosseurs pour attacher leurs vêtemens.

CAMARET.

Bourg situé à quatre lieues de Brest, sur la côte à droite, avant d'entrer dans le Goulet. En 1694, les Anglais tentèrent inutilement de s'en emparer.

LE PORT DE CAMARET.

Vu du côté du Sud

LE PORT DE L'ORIENT.

Vu du Quai de la Machine à mâter.

LORIENT.

La ville de Lorient, *Oriens*, sous-préfecture du département du Morbihan, située au fond d'une anse, à l'embouchure de la rivière de Ponscroff ou Ponscorff, a un excellent port; c'est un de ceux de la marine de l'Etat, où séjourne l'un des cinq commandans maritimes.

La ville n'est point ancienne; elle est bâtie à la moderne; les maisons, en général, sont d'un très-bon goût d'architecture. Les rues, fort larges et tirées au cordeau, sont bien pavées. Il y existe des promenades extérieures fort agréables, et quatre places publiques assez spacieuses. Cette ville se ressent encore de sa splendeur, à l'époque où elle était le centre des opérations de la Compagnie des Indes, et où des négocians, habitués à être traités en souverains par les Nababs de l'Asie, y répandaient la richesse et affichaient le plus grand luxe.

Le port de Lorient est très-beau; il est bordé de quais commodes, au bord desquels les vaisseaux peuvent mouiller et se charger. On y trouve de vastes magasins et de nombreuses calles pour la construction et le radoub des vaisseaux.

La rade de cette ville est grande et sûre; elle peut contenir une escadre nombreuse. On ne peut y entrer ni en sortir que par un goulet fort étroit, dont la passe est défendue par le canon de Port-Louis, ville située à deux lieues, à l'embouchure de l'autre côté du goulet. Lorsque les vents sont contraires pour entrer à Lorient, les vaisseaux trouvent un mouillage sûr à Groays, petite île d'une lieue et demie de longueur, sur une demi-lieue de largeur, située à peu de distance de la côte. Cette île peut avoir mille habitans, dont l'unique commerce est celui de la pêche.

La population de Lorient est fort diminuée depuis la destruction de la Compagnie des Indes; elle est aujourd'hui d'environ dix-huit mille âmes. A l'époque brillante de cette Compagnie, les armemens nombreux, qui se faisaient dans ce port, tant pour le commerce que pour la guerre, les riches ventes des marchandises de l'Asie, qui attiraient dans cette ville une multitude de négocians de toutes les contrées de l'Europe, la rendirent riche et populeuse.

Ce fut en 1664 que Colbert, ce grand ministre, sans cesse occupé de la prospérité de sa patrie, entreprit de faire participer la France au commerce de l'Inde, exploité exclusivement depuis long-temps par les Portugais, les Hollandais et les Anglais. Il fut accordé à la nouvelle compagnie un privilége exclusif pour cinquante ans, privilége qui fut renouvelé depuis. On y ajouta encore d'autres avantages, pour stimuler l'énergie des commerçans, tels que des primes, des titres honorifiques, des escortes pour les vaisseaux, et cependant les négocians n'ayant pu compléter les quinze millions nécessaires pour les premiers fonds d'établissement, l'Etat fut obligé d'en fournir trois.

La compagnie des Indes, qui avait des points d'appui dans différentes contrées de l'Asie et de l'Afrique, prospéra pendant plus de cinquante ans. A la chute du système, l'Etat lui devait quatre-vingt-dix millions qu'elle lui avait prêtés ; à de certaines époques, les ventes avaient monté annuellement jusqu'à dix-huit millions de livres ; mais cette prospérité fut interrompue par plusieurs causes. D'abord, la Cour qui jusqu'alors n'avait eu qu'un commissaire dans la compagnie, voulut en nommer les directeurs, ce qui entrava ses opérations et lui ôta toute la liberté qui est nécessaire à des commerçans pour leurs opérations. On peut mettre aussi au nombre de celles qui hâtèrent sa ruine, l'esprit de conquête qu'elle manifesta, qui non-seulement dissipa une grande partie de ses revenus, mais fut cause des différentes guerres que la jalousie des Anglais suscita à la France, et qui lui portèrent un coup funeste.

Enfin, en 1769, la compagnie, qui se trouvait fort endettée, n'ayant pu réussir à engager Louis XV à venir à son secours, le Gouvernement suspendit son privilége exclusif, lui acheta ses vaisseaux, ses magasins, ainsi que toutes ses propriétés, et se chargea en conséquence de remplir ses obligations envers les actionnaires, obligations que les circonstances n'ont pas permis de réaliser entièrement.

Depuis cette époque, le commerce des Français dans l'Inde n'a fait que déchoir, non-seulement à cause de la puissance colossale des Anglais, les tyrans de cette contrée, mais aussi parce qu'il paraît prouvé aujourd'hui, que celui de cette partie du monde ne peut se faire isolément avec avantage.

N. Ozanne del.   N. le Gouaz f.

LE PORT DE L'ORIENT.

Vu du Rivage du Caudran.

LE PORT DE L'ORIENT.

Vu de la Baye

LE PORT LOUIS.

Vu de la pointe de Gâvre &c.

PORT-LOUIS.

Port-Louis, *Portus-Ludovici*, dans le département du Morbihan, petite ville assez bien fortifiée, avec une bonne citadelle. Son port, situé à l'extrémité d'une péninsule, à l'embouchure de la rivière de Blavet, est très-sûr. Sa rade est spacieuse. Louis XIII lui a donné son nom : elle fut construite sous le règne de ce prince, avec les démolitions de celle de Blavet, autre petite ville très-forte, située plus haut, qu'Henri IV fit démolir lorsque les Espagnols, qui s'en étaient emparés pendant les guerres de la ligue, la rendirent par le traité de Vervins, en 1958. L'emplacement qu'occupe cette ville aujourd'hui, était celui d'un village, nommé Locperau, c'est-à-dire, en langue du pays, village de Saint-Pierre. Sa forme est celle d'un carré long. Sa citadelle, isolée au milieu de la mer, et entourée de rochers de toutes parts, est fort aisée à défendre, ces rochers étant couverts d'eau, et par conséquent très-difficiles à reconnaître et à éviter.

Cette ville, dont la population ne passe pas deux mille six cents âmes, a des casernes, un magasin à poudre, un arsenal, nombre de souterrains, plusieurs puits, fontaines et citernes ; Louis XIV s'est beaucoup servi de son port pour ses armemens maritimes, les plus gros vaisseaux pouvant y aborder. La pêche du congre y est abondante. Son commerce en anguilles, sardines, etc., est considérable.

AURAY.

Auray, *Auriacum*, est une ville fort jolie, située dans le département et sur la baie du Morbihan, au confluent de deux petites rivières qui se jettent dans cette baie. Auray n'a qu'une seule rue, mais assez belle, et un quai. C'est près de cette ville, que le 24 septembre 1364, il se donna une célèbre bataille entre le jeune duc de Montfort, Jean IV, dit le Vaillant, et Charles de Blois, dans laquelle ce dernier fut tué. Cette victoire assura à Montfort la possession du duché de Bretagne.

Après Lorient, Auray est la ville du département, dans laquelle il se fait le plus de commerce en grains, en fer, miel et sardines. En général, ses habitans sont actifs. Quoique la population n'excède guère trois mille deux-cents habitans, cependant ses relations ne laissent pas que d'être fort étendues, sur-tout avec l'Espagne.

Une très-jolie pièce de vers sur la rose, par un poète de cette contrée, ne nous paraît pas déplacée à la suite de cet article.

> Dans l'île de Cypris, si j'avais un bosquet,
>   J'y cultiverais une rose ;
> Si dans le champ de Mars je portais le mousquet,
>   Je me ferais nommer Larose ;
> S'il manquait une sainte au ciel de Mahomet,
>   Je dirais : prenez sainte Rose ;
> S'il fallait un refrain pour un joli couplet,
>   Je chanterais, cueillons la rose ;
> Oui, tout est séduisant, tout intéresse et plaît,
>   Tout est charmant dans une rose ;
> Pour orner la bergère en un simple corset,
>   Que faut-il ? Un bouton de rose ;
> Si la pudeur s'unit par un si doux attrait,
>   C'est sous l'emblème de la rose ;
> Des vers d'Anacréon, que n'ai-je le secret !
>   J'immortaliserais la rose ;
> Sur l'autel de l'Amour ma main ne brûlerait
>   Que des pastilles à la rose ;
> A Vénus chaque jour j'offrirais un bouquet,
>   Et ce serait toujours la rose ;
> Peut-être enfin devrais-je à ce culte discret
>   Quelque rêve couleur de rose.

LE PORT D'AURAY.

Vu du côté de l'Entrée.

LE PORT DE VANNES.

Vu de la Sautière à haute mer.

VANNES.

Vannes ou Vennes, *Dariorigum*, *civitas Venetum*, *urbs Venetica*, très-ancienne ville, aussi nommée des Armoricains venètes. Située dans le département du Morbihan, au fond de la baie de ce nom, elle était déjà célèbre du temps de César, et très-puissante sur mer. Crassus soumit Vannes à l'Empire Romain, mais cette ville ne se rendit qu'après une longue et vigoureuse résistance (1). Les Romains ayant emmené des citoyens pour ôtages, les habitans emprisonnèrent plusieurs de leurs officiers pour les ravoir. César, en ayant été averti, et s'étant disposé à les punir, ils formèrent une ligue défensive, non-seulement avec les peuples de Nantes, de Lisieux, d'Avranches, etc., même avec ceux de la Gueldre, du Brabant et de l'Angleterre ; mais ayant été vaincus, César punit de mort les sénateurs de Vannes, et fit vendre une partie de ses habitans à l'encan.

Cette ville est restée au pouvoir des Romains jusqu'à la décadence de l'Empire, que les Francs s'en emparèrent. Varoc, duc des Bretons, l'ayant prise, en 577, Pépin la reprit en 753, et la garda jusqu'à ce que Numenoïus, prince des Bretons, la reprit de nouveau. Vannes, suivant Strabon, dispute aux Paphlagoniens l'honneur d'avoir fondé Venise.

Vannes est le siége d'une préfecture : sa population monte au plus à dix mille âmes. Cette ville est percée de rues irrégulières ; ses places, ainsi que ses bâtimens, sont d'assez mauvaises formes, ses édifices publics n'ont rien d'imposant. Ses plus belles rues sont, celle qui conduit de la Porte de la mer à l'Hôtel-de-Ville, et celle qui mène à la cathédrale, monument gothique. La seule promenade qu'on y voit est celle des quais, bordés d'arbres d'un seul côté. Vannes a deux faubourgs, dont l'un, dit du Grand-Marché, est plus étendu que le reste de la ville. Son petit port, communiquant par un canal à la baie du Morbihan, ne contient que des bâtimens de soixante à cent tonneaux. Cette ville est assez riche, et fait un grand commerce en bled, fer, poisson salé, sur-tout en sardines, dont on extrait l'huile par la pression, de crainte qu'elles ne se corrompent, etc., etc.

(1) Commentaires de César, Guerres des Gaules, tome 3.

BELLE-ISLE.

Belle-Isle, *pulchra insula, colonesus,* île située à quatre lieues de la côte de Quiberon, dans le département du Morbihan. Belle-Isle a cinq lieues de long sur deux de large : elle est entourée de rochers, qui ne permettent d'y aborder que par trois endroits. Les Anglais s'en emparèrent le 7 mai 1761. La ville du Palais, défendue par M. de Sainte-Croix, ne capitula qu'après une longue et vigoureuse résistance. Cette ville très-forte a une bonne citadelle. L'île a été rendue à la France par le traité de 1763. Elle a environ deux mille cinq cents habitans, qui partagent leurs travaux entre la culture et la pêche. La terre y est très-productive, sur-tout en froment et en avoine. Les troupeaux y vivent en commun sur les pâturages, sans bergers ni chiens, chaque troupeau de bétail ayant sa marque particulière. Il s'y vend, année commune, environ trois mille barriques de sardines. Locmaria, Bangor et Sauzon, sont trois bourgs, dont le dernier, qui est le principal, a un assez bon port. Il y a plusieurs bonnes rades sur les côtes de cette île.

LE CROISIC.

Le Croisic, situé sur un cap, dans le département de la Loire-Inférieure, est peuplé d'environ deux mille habitans. Son commerce consiste en grains, sels, et autres denrées. Cette ville fut fondée par une colonie de Saxons, qui furent tous convertis en 557 ou 558. Il s'y tient en septembre, une foire qui dure huit jours, dans laquelle on vend des draperies, merceries et quincailleries. P. Bouguer, mathématicien, Desforges-Maillard, poète, et le marquis de La Galissonnière, lieutenant-général des armées navales, célèbre par sa victoire du 20 mai 1756, sur la flotte anglaise commandée par l'amiral Bing, étaient nés au Croisic.

LA CITADELLE DE BELLE-ISLE.

Vu de l'Entrée du Havre du Palais.

LE PORT DU CROISIC.

Vu de l'Entrée.

LE PORT DE NANTES.

Vu de l'Île Feydeau.

NANTES.

Nantes, *Namnetes*, *Condivincum* ou *Condivicnum*, *Nannetæ*, ancienne ville, chef-lieu de la préfecture du département de la Loire-Inférieure, située à huit lieues de l'embouchure de ce fleuve, au confluent de l'Erdre et de la Sèvre. Cette ville tire son nom des Namnetes, peuple d'entre les anciens Armoricains; elle était déjà puissante sous le gouvernement des Romains. Pendant plusieurs siècles, les Normands venaient, à diverses époques, dépouiller les Nantais du fruit de leur industrie. Nantes fut même incendié et détruit plusieurs fois. Alain-le-Grand, duc de Bretagne, ne put retenir ses larmes, lorsqu'après avoir chassé les pirates, il fut obligé de chercher sous les ronces, les décombres de cette malheureuse ville. Cependant le courage et l'industrie de ses habitans, ainsi que l'avantage de sa position, vinrent à bout de la tirer de ses ruines.

Les anciens souverains de la Bretagne résidaient alternativement dans cette ville ou dans celle de Rennes. La réunion de ce duché à la France amena un terme à toutes les calamités, que les guerres multipliées que cette province avait eu à soutenir, avaient accumulé sur cette cité infortunée. Ce fut à dater de cette époque, que les Nantais purent se livrer avec sécurité aux entreprises commerciales; et bientôt Nantes put être compté au nombre des villes les plus commerçantes de la France, même de l'Europe.

Nantes, situé sur la rive droite de la Loire, sur le penchant d'une colline, au milieu d'immenses prairies, environné de coteaux chargés de vignobles, et de forêts remplies de gibier, présente un bel aspect; aussi l'appelle-t-on Nantes la jolie. Son château est vaste, bien conservé, et assez bien fortifié. Les maisons sont en général bien bâties. La cathédrale, édifice gothique chargé d'ornemens, est remarquable par ses deux tours carrées. Nantes est le siége d'un évêché. Le palais de la Préfeture, autrefois la Chambre des Comptes, rebâti à neuf, avec beaucoup de magnificence, vers le milieu du siècle dernier, a cent quatre-vingt-dix-sept pieds de face, sur soixante-six d'épaisseur. Le milieu de sa façade consiste en un avant corps, orné de quatre colonnes isolées d'ordre ionique, de trois pieds et demi de diamètre, posées sur un socle continu, et terminées par un fronton, avec les armes du Roi au-dessus de la porte d'entrée. Les deux arrières corps sont percés chacun de six grandes croisées, séparées par des pilastres de même proportion et de même ordre que les colonnes. Le tout est couronné d'un grand entablement, surmonté d'une balustrade qui règne au pourtour de tout l'édifice.

On compte dans Nantes une douzaine de ponts, onze places publiques principales, de charmantes promenades, sur-tout celle appelée Cour des Etats. L'Hôtel-de-Ville est un grand bâtiment, bien décoré, avec un assez beau jardin. Cette ville est riche en établissemens publics. Elle est le siége d'une cour criminelle, d'un tribunal de première instance et de commerce, et d'un hôtel des monnaies. On y trouve six justices de paix, une administration maritime, une bibliothèque publique de plus de vingt-quatre mille volumes; un collége royal, un cabinet d'histoire naturelle, un musée de tableaux, et un jardin botanique. On y fait des cours publics d'hydrographie, de chimie applicable aux arts, d'accouchement, de chirurgie et d'anatomie. On y trouve encore une société d'agriculture, de commerce et des sciences et arts, un lycée, et une école gratuite de dessin.

Nous n'oublierons pas la salle de spectacle, la bourse, la halle, et la colonne départementale, qui a soixante-dix pieds d'élévation. On compte à Nantes quatre faubourgs, aussi peuplés et beaucoup plus étendus que la ville même. Ces faubourgs sont : le Marchix, les Ponts et le Pirmil, Saint-Clément-Richebourg, et la Fosse. Ce dernier est sans contredit le plus riche, le plus étendu et le plus beau de Nantes. Il est habité par les premiers négocians de la ville : les maisons, bien décorées et garnies de balcons, sont toutes bâties en pierres de taille. Les quais, revêtus de même, sont plantés d'un rang d'ormes d'un bout à l'autre. Le bel aspect de la Loire, couverte de navires et de barques de toute espèce; la riante perspective d'une vaste campagne, qui se dessine en amphithéâtre, derrière les îles pittoresques, situées au-dessus et au-dessous du faubourg des Ponts; la superbe vue du Pirmil, ont fait comparer Nantes, pour la beauté et la richesse du coup-d'œil, à la superbe ville de Constantinople.

La pierre nantaise, située à l'extrémité du faubourg du Pirmil, est un rocher d'un grand poli, élevé en pente, sur lequel les enfans du peuple dansent avec beaucoup de hardiesse et de légèreté, pour quelques pièces de menue monnaie. L'île Feydeau, occupée aussi par de riches négocians, est remplie de belles maisons somptueusement décorées.

Nantes renferme un grand nombre de manufactures, telles que raffineries, tanneries, filatures, brasseries, fonderies, fabriques de cotonnades, de toiles peintes, de fayences, porcelaines, outils aratoires, coutils, couvertures, cordages, acide sulfurique, etc.

Anne de Bretagne était née à Nantes, en 1476 : elle s'y maria avec Louis XII,

LE PORT DE NANTES.

Vu du Chantier de Construction de la Fosse.

en 1499. Charles VIII assiégea inutilement cette place, en 1486. Ce fut dans cette ville qu'Henri IV publia, en 1598, ce célèbre édit, qui rendit la paix à la France. Ce fut encore dans la même ville, que Louis XIV fit arrêter, en 1661, le déprédateur Fouquet, si chéri des courtisans.

Le 29 juin 1793, la ville de Nantes fut attaquée par quatre-vingts mille Vendéens, qui furent repoussés avec perte, par la vigoureuse défense de ses habitans. A cette déplorable époque, cette ville et ses environs devinrent le théâtre d'une multitude d'horreurs, qu'on voudrait pouvoir effacer des pages de l'histoire. En 1800, l'explosion d'un moulin à poudre, lui causa beaucoup de dommages.

La navigation de la Loire, cette source de richesse pour les Nantais, devient de plus en plus difficile, sur-tout de Nantes à Paimbœuf, où les vaisseaux un peu forts sont obligés de s'arrêter. Les bancs de sables qui l'obstruent, s'accroissent tous les jours. Déjà la marée, qui se faisait sentir jusqu'à Ancenis, ne remonte plus qu'à environ deux lieues au-dessus de Nantes. Il serait urgent de s'occuper des moyens de faire cesser cet état de choses, ou au moins d'empêcher que le mal n'empirât.

La population de cette ville, de 1720 à 1790, a augmenté de quarante mille âmes, suivant le récensement qui en fut fait cette même année : elle est aujourd'hui d'environ soixante-dix-huit mille personnes.

Nantes, avant la guerre, faisait un commerce considérable avec les Antilles : il y expédiait annuellement une centaine de bâtimens ; trente autres se dirigeaient vers la côte d'Afrique, pour y faire un commerce, que la philosophie, la religion et l'humanité, viennent unanimement de réprouver. Un nombre plus considérable de vaisseaux se portait vers le nord, et allait visiter les ports de l'Angleterre, de la Hollande, de la Suède, du Danemarck, de l'Allemagne et de la Russie. Il s'y faisait aussi des armemens pour l'Espagne, le Portugal, l'Italie et les États-Unis ; quelques-uns mêmes, mais en petit nombre, portaient le pavillon français jusque dans l'Inde : on en voyait aussi sur le banc de Terre-Neuve.

Pendant la guerre, les Nantais se distinguaient par leurs armemens en course ; en 1798, il est sorti de leur port cent bâtimens, qui ont fait des prises considérables. Le commerce commence à y reprendre son activité. Il s'y tient, dans le mois de mai, plusieurs foires, où il se fait beaucoup d'achats en bœufs, chevaux, cochons, etc. On pêche, dans la rivière de Nantes et à son embouchure, le turbot, la sole, le merlan, la raye, le maquereau, le homard, les moules, les huîtres, etc.

On trouve dans les environs de cette ville, des mines de fer, de tourbe de houille, du minerai, de l'aimant, de l'argile ; on y fabrique de la brique. On y récolte des vins, des cidres, des châtaignes et toutes sortes de grains.

Les Nantaises sont généralement assez belles, le bleu est leur couleur favorite. Leur costume est éclatant : elles emploient beaucoup de galons d'or, ou de rubans brochés de cette matière. Les jours de cérémonie, elles se parent de manteaux courts, à collets droits qui dépassent la tête. En général, les femmes de cette contrée aiment beaucoup la danse : le moindre événement est un motif de danse; on danse dans les foires, dans les vendanges, et à toutes les solemnités.

La ville de Nantes a été féconde en hommes célèbres. Pierre Biré, Nicolas Travers, historiens et archélogues, y ont pris naissance, ainsi que Vessière de la Croze, savant Bénédictin; Graslin, économiste; Jean Meschinot, poète; Cassard, célèbre marin et chef d'escadre; Germain Boffrand, architecte; Charles Evrard, peintre; André Ruis, et Montaudouin de La Touche, habiles négocians, y sont également nés.

Avant de quitter la côte de Bretagne, nous allons indiquer un nouvel observatoire fondé à Brest, il y a une dixaine d'années, dont le but est d'examiner les variations de la marée, et d'en établir les causes. M. de La Place en a déjà déterminé les principales; ce savant a démontré que la lune n'était pas le seul agent des marées, que le soleil y influait aussi, suivant les différentes positions où il se trouvait. Ces connaissances étant de la plus grande importance pour les ports relativement au mouvement des navires, cet établissement présente un grand intérêt pour les progrès de l'art nautique.

On travaille aussi, en ce moment, à l'observatoire de Brest, à réparer et à compléter les instrumens nécessaires aux observations astronomiques, ce travail étant devenu urgent pour le progrès des sciences.

LE PORT DE NANTES.

Vu de l'Hermitage.

N. Ozanne del

N. le Gouaz sc

LE PORT DE PAINBŒUF

Vue du rivage contigu à la partie de l'Est

LE PORT DES SABLES D'OLONNE.

Vu du Faubourg de la Chaume.

PAIMBŒUF.

Pᴀɪᴍʙœᴜꜰ ou Pimbœuf, gros bourg, situé sur la rive gauche et à l'embouchure de la Loire, est à sept lieues de Nantes, dont il est en quelque sorte le port. Ce bourg, chef-lieu d'une sous-préfecture, a un tribunal de première instance et un syndicat de commerce. On y compte aujourd'hui cinq mille six cents habitans. Au commencement du dix-huitième siècle, ce n'était qu'un village. L'armée vendéenne tenta inutilement de s'en emparer. Il existe un projet pour établir un port et un chantier de construction à Minden, un peu au-dessous de Paimbœuf. Les gros vaisseaux nantais y séjournent, ainsi que la plupart des magasins maritimes de la ville de Nantes.

LES SABLES D'OLONNE.

Lᴇs Sables d'Olonne, *Arenæ Olonenses*, *Oppidum Sabulanense*. Cette ville, située dans le département de la Vendée, est le chef-lieu d'une sous-préfecture, avec un tribunal de commerce et un de première instance. Elle n'est point ancienne; sa forme est celle d'une presqu'île, ne tenant au continent que du côté de l'est. On n'y trouve que trois ou quatre rues fort longues et bien pavées, parallèles entre elles, et à la direction de la côte. Bâtie en amphithéâtre, sur un sol aride et sablonneux, la partie du nord seulement est à-peu-près au niveau de la mer. Le faubourg de la Chaume, séparé de la ville par le canal du port, est bâti sur le plateau d'un rocher, dans une position agréable et saine. Cette ville fut prise par les Calvinistes, en 1570. Elle renferme aujourd'hui plus de cinq mille âmes. On y trouve peu d'édifices publics. La pêche y est très-considérable, sur-tout celle des sardines : cinquante chaloupes étaient occupées autrefois à cette pêche. Quatre-vingts vaisseaux y étaient aussi employés pour celle de Terre-Neuve, mais cette dernière y est presque nulle aujourd'hui. On y compte deux foires par an, le 11 mai et le 9 décembre.

SAINT-MARTIN DE RÉ.

L'ISLE de Ré, *insula Rea, Reacus*, située sur la côte du département de la Charente-Inférieure, n'est séparée de la terre ferme que par un canal de quatorze cents toises. Cette île a environ quatre lieues de longueur, sur deux de large; elle est fertile en vins, avoine, orge, sel, etc.; elle n'est qu'à trois lieues de La Rochelle. A l'époque des guerres de religion, en 1625, le prince Soubise, à la tête des religionnaires, s'était retranché dans cette île, mais il en fut chassé promptement par Saint-Luc et Thoiras. Le duc de Buckingham étant venu deux ans après, avec une flotte et une armée anglaise, pour s'en emparer, il fut obligé de se rembarquer, après trois mois de siège, par la bonne conduite de Thoiras, qui en était gouverneur, et par les secours que lui amenèrent le maréchal Scomberg, et Marillac.

SAINT-MARTIN DE RÉ, qui en est la capitale, est une assez jolie petite ville, très-bien fortifiée, à la manière de Vauban, et défendue par une très-bonne citadelle : le port est assez bon. De la tour des Baleines, on aperçoit un horizon très-étendu, et le phare qu'on y a construit éclaire de très-loin. Sa population est d'environ trois mille âmes.

LA FLOTE est un gros bourg; on trouve dans l'île, outre la citadelle de Saint-Martin de Ré, trois autres forts; celui de la Prée, le fort Martray, et celui de Samblanceaux.

LE PORT DE St. MARTIN DE RÉ.

Vu au-dessus du Grand Balay.

LE PORT DE LA FLOTE dans L'ÎLE DE RÉ.

Vu du Cours d'Tullan.

LE PORT DE LA ROCHELLE.

Vu de la petite Rive.

LA ROCHELLE.

La Rochelle, *Rupella*, *portus Santonum*, chef-lieu du département de la Charente-Inférieure, située sur l'Océan. Cette ville doit son origine au château de Vauclair, construit anciennement sur la côte, pour défendre la contrée contre les dévastations des pirates normands. On commença à entourer ce port de maisons, lors de la destruction de Castel-Aillon, qui n'en était qu'à deux lieues, et bientôt La Rochelle devint riche et commerçante.

Soumise aux Anglais, au grand déplaisir de ses habitans, par le traité de Brétigny, en 1360, après la malheureuse journée de Poitiers, cette ville retourna bientôt sous la domination française. La réformation s'y étant introduite, en 1557, le prince de Condé s'en empara en 1569, et en fit la principale place d'armes des réformés. Ce fut vainement que le duc d'Anjou, depuis Henri III, l'assiégea en 1573. Louis XIII fit de nouvelles tentatives, en 1622, pour la soumettre, il fit bâtir même le fort Louis, à l'entrée du port. Ces tentatives n'ayant pas eu de succès, il vint en personne, avec le cardinal de Richelieu, mettre le siège devant cette place, en 1627. Ce ne fut qu'après treize mois d'attaques et de combats meurtriers, qu'il parvint à s'en rendre maître, au moyen d'une digue de sept cent quarante-sept toises de longueur, de l'invention du cardinal, qui ayant, par cet ingénieux moyen, cerné la ville du côté de la mer, et intercepté tous les secours, l'obligea, après l'avoir réduite à la dernière extrémité, de se rendre, faute de vivres, le 28 octobre 1628.

Le Roi, ayant fait son entrée dans La Rochelle, deux jours après sa reddition, lui ôta ses priviléges, et fit détruire toutes ses fortifications. Louis XIV, sentant l'importance de cette ville, les fit rétablir, par Vauban, sur un autre plan, qui consiste en une bonne muraille, flanquée de dix-neuf bastions, et huit demi-lunes, enveloppées d'un fossé et d'un chemin couvert.

La ville de La Rochelle est assez belle, ses rues sont propres, les maisons en général bien bâties, et décorées d'arcades et de portiques. On y remarque plusieurs places publiques, entr'autres celle des Petits-Bancs, située dans le plus beau quartier, et ornée d'une très-belle fontaine. La place d'armes ou du château, est remarquable par sa régularité et par son étendue. De vieilles maisons qui déparaient le quai de la grande rive, du côté de l'ouest, viennent d'être démolies. Elles ont été remplacées par un cours planté d'arbres, ce qui embellit beaucoup l'intérieur du port. On a détruit aussi deux demi-bastions, construits en 1651, au pied de la tour Saint-Nicolas, qui commandaient la ville. Ces ouvrages avaient été imaginés pour battre le port et ses deux rives. On a formé sur leur emplacement une espèce de garre, où de petits bâtimens pourront se tenir, sans faire obstacle à l'introduction des autres.

On trouve à La Rochelle, un hôtel de bourse, une chambre et un tribunal de commerce, une direction des douanes, un siége épiscopal, un hôtel des monnaies, et un collége. Les sciences et les arts sont aussi cultivés avec soin dans cette ville, qui possède une académie, fondée en 1732, une bibliothèque publique, d'environ vingt mille volumes, un riche cabinet d'histoire naturelle, et une salle de spectacle.

La rade de La Rochelle est l'une des plus sûres de l'Océan. Son port peut recevoir des navires de cinq cents tonneaux. On a achevé, depuis dix ans, un bassin de carénage. Le port renferme trois cales de constructions.

Le commerce de l'Inde, celui des Etats-Unis et des Colonies, y étaient assez brillans autrefois. Il se fait dans ce port des armemens pour le banc de Terre-Neuve; le cabotage y est assez actif.

La population de cette ville n'excède pas dix-huit mille âmes. On vient de construire à l'est, un très-bel abattoir public. Deux foires de cinq jours y sont établies depuis quinze ans, savoir le premier janvier et le premier juillet.

Parmi les hommes célèbres nés à La Rochelle, nous citerons Ferchaud de Réaumur, naturaliste célèbre; N. Vénette, Colomies, savant érudit; F. Olivier, L. Ratuit, et Désaguiliers, physicien.

Ozanne del.   V. le Gouaz sculp.

LE PORT DE ROCHEFORT.

Vu du magasin des Colonies.

ROCHEFORT.

Rochefort, ville sur la Charente, située dans le département de la Charente-Inférieure, est un des ports de la marine de France: elle fut bâtie par Louis XIV, en 1664. Elle est le séjour d'un des cinq commandans maritimes et d'une sous-préfecture ; d'abord, bourg muré en 1669, elle devint ville en 1673. Peu de villes sont aussi bien alignées que celle de Rochefort, les maisons y sont basses mais uniformes. Il y a de très-beaux remparts plantés de forts beaux arbres. Elle a un bel hôtel-de-ville, situé sur la grande place, et une jolie salle de spectacle. Sa population est d'environ seize mille âmes.

L'hôpital de la Marine, terminé en 1787, est l'un des plus beaux connus. Il se compose d'un corps de bâtiment principal et de huit pavillons, auxquels on arrive par une très-belle promenade. On achève, en ce moment, un égout de quatorze cents mètres de développement, destiné à conduire à la rivière les immondices de la maison, ce qui contribuera beaucoup à sa salubrité. L'école de chirurgie, qui réside dans cet hôpital, possède un cabinet d'histoire naturelle, et un jardin des plantes.

On trouve à Rochefort un bagne, une salle d'armes, un bel arsenal, des magasins très-vastes, une fonderie de canons, des corderies, et tout ce qui est nécessaire pour l'armement d'une grande flotte. Depuis le siècle dernier, on a fait de très-grands travaux dans ce port.

1°. En 1806, on a construit un moulin à drague à l'entrée des formes. Ce moulin a pour objet de ramener les vases dans le courant de la rivière. Il sert encore à broyer les couleurs, et à faire mouvoir les cylindres d'un laminoir.

2°. Un moulin à scier les bois, construit récemment, situé en face de la principale porte. Sa forme est très-élégante.

3°. Un atelier de sculpture, au-dessous de la salle des modèles, près du bagne.

4°. Deux vastes angars, en face des cales, destinés à mettre à couvert les bois les plus précieux.

5°. Deux ateliers de forges, pour treize feux, destinés à la mâture et à la serrurerie; la carcasse de ces ateliers est en fer coulé.

On trouve dans le port, entre le chénal de la cloche et le magasin général, cinq cales de constructions. La première est pour les frégates, et les quatre autres pour des vaisseaux de ligne. La deuxième et la troisième sont couvertes en bardeaux. On refait la quatrième, que l'on reconstruit en pierre, et qui sera couverte en cuivre, soutenu par une charpente en fer.

Outre ces cinq cales, il en existe une, du côté des formes, pour construire des frégates, et l'autre pour les bricks.

Il y a dans le port deux formes, et une troisième hors de l'enceinte, et près de celle-ci, une autre cale pour les frégates.

On vient d'achever sur le rempart, du côté de l'hôpital, un très-beau bassin ou château d'eau. La pompe à feu construite pour cet établissement, élève l'eau, qui se distribue ensuite par différens conduits dans les fontaines de la ville, où elle répand la fraîcheur dans les principales rues, et entraîne les immondices.

La situation de ce port dans la Charente, à cinq lieues de son embouchure, est très-commode pour les approvisionnemens. Les plus gros vaisseaux y sont toujours à flot. L'entrée de cette rivière est bien défendue par le fort Fourax, par ceux de la Pointe et de Vergeron, et la redoute de l'aiguille. La rade l'est aussi par les fortifications de l'île d'Aix, où les très-gros navires viennent prendre leurs canons. Les Anglais détruisirent ces fortifications, en 1757 : elles ont été réparées depuis, dans le système perpendiculaire.

M. de la Galissonière, célèbre marin, connu par sa victoire sur l'amiral Bing, était né à Rochefort : c'est à tort que nous avions indiqué sa naissance au Croisic, c'est celle d'un autre marin de la même famille.

LE PORT D'OLERON.

Vu en face de l'Entrée.

ILE D'OLÉRON.

L'ILE d'Oléron, appelée *Ularius* par Pline, et *Olario* par Sidonius-Apollinaris, est située à deux lieues de la côte du département de la Charente-Inférieure, dont elle fait partie. Cette île, séparée de l'île de Ré par le pertuis d'Antioche, et du continent par le détroit d'Aubusson, a cinq lieues de long sur deux de large. Ses habitans, au nombre d'environ quatre mille trois cents, sont excellens marins. Semblables en cela aux Rhodiens, à l'époque de l'Empire Romain, ce fut sur leurs usages, que la Reine Eléonore de Guyenne fit faire les réglemens de police maritime, appelés jugemens ou rôles d'Oléron, qui ont servi de modèle aux premières ordonnances maritimes de nos Rois.

Aussi les habitans d'Oléron ont-ils toujours joui de grands priviléges, tant des ducs d'Aquitaine, que des Rois d'Angleterre et de France. Cette île fut réunie à la Couronne, par Charles V, en 1372 ou 1373. Au seizième siècle, les Rochellois s'emparèrent de cette île, qui leur fut reprise en 1625. Elle est défendue par un château assez fort, construit dans la partie septentrionale de l'île.

Le climat d'Oléron est tempéré, son sol est très-fertile; il abonde en vins, en blés, bois, sels, etc.

ROYAN.

Royan, *Regianum*, *Novioregum*, petite ville du département de la Charente-Inférieure, située à l'embouchure de la Gironde, à huit lieues au-dessous de Blaye. La ville de Royan, autrefois considérable, soutint, en 1622, un siège très-meurtrier contre Louis XIII, qui ne put la réduire qu'après avoir perdu beaucoup de monde. Depuis cette funeste époque des guerres civiles, où elle fut presque ruinée, elle ne s'est point relevée de ses désastres, et sa population et son commerce sont réduits à fort peu de choses.

Une petite anse, qui lui sert de port, est fort commode pour servir d'abri aux barques qui entrent dans la Gironde ou qui en sortent, mais les sables empêchent les gros navires d'en approcher. La pêche des sardines est très-abondante dans ces parages.

Du temps de César, la Saintonge, située où est aujourd'hui le département de la Charente-Inférieure, était habitée par les *Santones*, dont elle a retenu le nom. Sous l'empereur Honorius, elle faisait partie de la seconde Aquitaine. De la domination des Romains, elle passa sous celle des Goths. Etant tombée au pouvoir des Francs, elle échut aux Anglais, par le mariage d'Eléonore de Guyenne avec Henri II, leur roi. Dépouillés de cette province par Philippe-Auguste, par suite de la félonie de Jean-Sans-Terre, ils la recouvrèrent encore par le traité de Bretigny. Mais cette possession leur fut bientôt enlevée; Charles VII en fit la conquête, et depuis cette époque, elle est restée à la France.

Le sol du département de la Charente-Inférieure est fertile en vins, en blés, en fruits, et en plantes utiles de toute espèce; telles que perce-pierre, absinthe, salicot, virga-santonica, etc. Les pâturages y sont excellens; on y nourrit beaucoup de bétail; les chevaux y sont très-bons; on y trouve aussi des marais salans, et des eaux minérales fort estimées, etc., etc.

LE PORT DE ROYAN.

Vu des hauteurs de la Garenne.

LE PORT DE BORDEAUX.

Vu du Quai des Farines

BORDEAUX.

BORDEAUX, ou *Bourdeaux*, *Burdegaia*, grande, belle et riche ville, située sur la rive gauche de la Gironde, à seize lieues de son embouchure dans l'Océan. Cette ville est le chef-lieu du département de la Gironde. Elle a un archevêché, un hôtel des monnaies, ainsi que tous les tribunaux et les établissemens administratifs, maritimes et commerciaux, dont un chef-lieu, un port de mer et une place de commerce de cette importance peuvent être susceptibles. Elle a aussi une académie des sciences, un collége où l'on fait de fort bonnes études, et des hôpitaux bien administrés.

La fondation de Bordeaux, constatée par les monumens récemment détruits et les vestiges qui en sont conservés, remonte et se perd aux temps des Romains. Strabon en fait mention sous le nom de *Burdigala*. Cette ville, élevée à la dignité de métropole de l'Aquitaine seconde, s'agrandit beaucoup sous le règne des Empereurs. De la domination des Romains elle passa sous celle des Visigoths, et de cette dernière sous celle de Clovis.

Ravagée dans le huitième siècle par les Sarrasins, ruinée dans le neuvième Normands, les longues guerres entre la France et l'Angleterre, dans lesquelles elle fut prise et reprise plusieurs fois, lui firent éprouver bien des vicissitudes. Charles VII s'en étant emparé en 1451, elle se révolta en faveur des Anglais; mais ce prince l'en punit par une amende de cent mille marcs d'argent, et par la perte de tous ses priviléges, qu'il lui rendit ensuite.

Sous la minorité de Louis XIV, elle prit une part active à la guerre de la Fronde; mais, bientôt rentrée sous le Gouvernement légitime, elle ne s'en est point écarté depuis. On l'a vue même, en 1814, être la première ville de France à reconnaître la dynastie légitime, et l'année suivante, la dernière à l'abandonner.

Arrivé à la Bastide, la belle perspective du port de Bordeaux frappe le voyageur d'admiration. Le vaste fer à cheval qui s'offre à ses regards, produit l'effet du plus superbe panorama. Lorsque le pont, qui se construit actuellement dans cet endroit, sera terminé, ce qui doit avoir lieu en 1821, le village de la Bastide deviendra un des faubourgs de Bordeaux. Ce pont, dont la longueur est de cinq cent quatre-vingts mètres, aura dix-neuf arches. On regarde sa construction, due aux talens de M. Deschamps, inspecteur-général des ponts et chaussées, comme une des entreprises les plus hardies du siècle.

On peut juger de la beauté et de la richesse de ce port, par ces vers, extraits du Voyage de Chapelle et Bachaumont.

> Et vîmes au milieu des eaux ;
> Devant nous paraître Bordeaux,
> Dont le port, en croissant, resserre
> Plus de barques et de vaisseaux
> Qu'aucun autre port de la terre.

Arrivé à l'endroit du débarquement, après avoir esquivé une forêt de mâts, de vergues et de cordages, on met pied à terre en face de la porte de Bourgogne, construite à l'époque et en mémoire de la naissance du duc de ce nom, frère aîné de Sa Majesté. Cette porte, ouverte en arc de triomphe, termine une espèce de promenade en forme de boulevard, érigée sur la place des anciens fossés, qui indique la vieille enceinte de Bordeaux. En suivant ces fossés ou ces boulevards, on aperçoit, à droite, une autre porte de forme gothique. Le bâtiment du même genre dont elle fait partie était le vieil Hôtel-de-Ville.

L'ancien Bordeaux, qui se trouve sur la droite, est composé d'assez vieux bâtimens, qui bordent des rues fort étroites. La partie gauche, résultante de divers agrandissemens successifs, plus ou moins anciens, est devenue, avec le temps, un quartier considérable, mieux percé que le précédent, et traversé par une large rue, la rue Bouhaut, où loge un grand nombre d'Israélites, ce qui la rend très-commerçante. Cette rue fait face à la route de Toulouse et au faubourg de Saint-Julien, dont elle est séparée par la porte et la place de ce nom.

A cette vaste et belle place, d'une forme circulaire, aboutissent plusieurs rues, larges, longues et bien alignées, dont deux conduisent à l'extrémité du port. Un très-beau cours, que l'on rencontre à droite de cette place, et qui fait le tour d'une partie de la ville, conduit à la place Dauphine, place carrée, la plus grande de Bordeaux, et entourée de maisons bâties en pierre de taille, d'une construction uniforme.

Non loin de là, se trouve le cours de Tourny, qui conduit au faubourg du Chartron, le plus beau de la ville, ceux du Chapeau-Rouge et de Saint-Surin ne pouvant lui être comparés. La rue de l'Intendance, que l'on prend à droite de la place Dauphine, conduit à celle du Chapeau-Rouge, la plus belle de Bordeaux par sa largeur et les superbes maisons qui la bordent. On y remarque sur-tout l'hôtel

LE PORT DE BORDEAUX.

Vu devant l'emplacement du Château Trompette.

Sage, occupé aujourd'hui par la Préfecture, et l'hôtel Fonfrède, remarquable par son escalier. En parcourant cette rue, on trouve, à gauche, la salle de la Comédie. Le bâtiment de la Bourse, qui fait saillie au bout de la rue du Chapeau-Rouge, a un pourtour en arcades, sous lesquelles les négocians se mettaient à l'abri du soleil et de la pluie, avant qu'on eût couvert la cour d'un vitrage. Aujourd'hui ces portiques sont remplis de boutiques, ou de bureaux d'assurances. Un bel escalier conduit à l'étage supérieur, où siége la magistrature consulaire.

La Place Royale, quoiqu'un peu circonscrite, est la plus jolie de Bordeaux : elle règne en fer à cheval sur la Garonne. Cette place, construite sur les dessins de Gabriel, en 1773, est décorée de bâtimens élégans. Celui de la Bourse y figure encore à l'extrémité de l'une de ses ailes, parallèlement à la Douane, qui lui correspond. A l'autre extrémité, toutes les façades sont ornées de frontons et de bas-reliefs, représentans des allégories relatives à la marine et au commerce. La statue de Louis XV, qui ornait cette place, a été détruite en 1793 : il est question de la remplacer. Les bâtimens qui règnent le long du port, depuis cette place jusqu'à la porte de Bourgogne, sont réguliers et bien bâtis. Le port, qui se prolonge bien au-delà de cette porte, ne présente plus rien d'intéressant, si ce n'est le chantier de construction et les vestiges du fort Sainte-Croix qui le terminent.

Le plus beau monument de Bordeaux est le palais archiépiscopal, aujourd'hui maison royale ; c'est un bâtiment d'une grandeur imposante, d'une construction noble et régulière, dont la vaste cour est ornée de portiques, et de grilles qui règnent sur la place de Saint-André. Du côté du midi, s'élève la cathédrale du même nom. Cette église est la plus belle de Bordeaux ; elle a été fondée par les Anglais, à l'époque où ils dominaient dans la Guyenne ; mais la diversité des styles qu'on y remarque, prouve que son achèvement est de beaucoup postérieur à sa fondation. Deux flèches, d'une construction très-hardie, de chacune deux cent soixante pieds d'élévation, décorent son portail. Son intérieur renferme des détails assez curieux.

Trois autres grandes églises gothiques méritent de fixer l'attention des voyageurs ; celles de Sainte-Croix et de Saint-Michel, dans la partie orientale de la ville, et celle de Saint-Surin, dans la partie occidentale. La construction de Sainte-Croix peut remonter au onzième siècle. Un des arceaux du portail, sur lequel est sculpté, en action, *la cressite* et *le multiplicamini* de la Genèse, a fait croire que cette église avait été autrefois un temple payen. On y voit une assez belle descente de croix. Saint-Michel offre un beau vaisseau, dans lequel on remarque une chaire moitié bois et moitié marbre. Son clocher, élevé de cent soixante-huit pieds, a perdu sa flèche, enlevée en 1767 par un ouragan. L'architecture de l'église de Saint-Surin porte un caractère particulier, qui présente aussi quelque intérêt.

On remarque près de cette église les ruines du palais Gallien, ancien amphi-théâtre romain, dont la dimension, suivant Millin, a deux cent vingt-six pieds de long, sur cent soixante-six de large ; deux cent vingt-sept sur cent quarante, suivant Piganiol, Despilly, et le Voyageur français, et trois cent soixante-dix, sur deux cent trente, selon l'auteur du Voyage dans les départemens de la France. Il existait à Bordeaux, presqu'en son entier un beau monument romain, connu sous le nom du Palais de Tutèle, que Louis XIV a fait abattre, pour étendre les glacis du château Trompette. Un autre monument antique, démoli depuis quelques années, était une porte bâtie, dit-on, sous le règne d'Auguste. Le palais de Tutèle offrait un parallélogramme orné de huit colonnes cannelées, d'ordre corinthien, sur chacun de ses grands côtés, et de six sur chacun des deux autres. En général, ce monument offrait une grande ressemblance avec la maison carrée de Nîmes. On lit, sur sa destruction, les vers suivans, dans le Mercure du mois de mars 1707.

Pourquoi démolit-on ces colonnes des dieux,
Ouvrage des Césars, monument tutélaire ?
Depuis mille ans et plus que le temps les révère,
Elles s'élevaient jusqu'aux cieux ;
Il faut que leur orgueil cède à la forteresse
Où Mars pour nous veille sans cesse.
Son redoutable mur, édifice royal,
Ne doit point souffrir de rival.

Le château Trompette, construit en 1554, réparé par Louis XIV, vient de succomber à son tour, non pas sous la faulx du temps, mais par suite des vœux des Bordelais, qui, depuis long-temps, désiraient sa destruction pour l'embellissement de leur ville. Le fort Sainte-Croix, situé près l'église de ce nom, et le château de Ha, près la cathédrale, ont éprouvé le même sort, excepté le donjon de ce dernier, consacré à une maison de détention.

Sur l'emplacement du château Trompette, on construit un quartier neuf, qui réunira la ville au faubourg du Chartron. Ce quartier magnifique sera embelli par des places publiques, d'élégantes maisons et de belles promenades : la plus fréquentée de Bordeaux est aujourd'hui celle des allées de Tourny, où se rassemble la meilleure compagnie de la ville.

Au bout de ces allées, dans le quartier du Chapeau-Rouge, on trouve le grand Théâtre, bâti par l'architecte Louis, et regardé comme l'un des plus beaux de l'Europe ; isolé et entouré de portiques comme le second Théâtre-Français de Paris. La place, où il est situé, est une des plus belles de Bordeaux, embellie encore par le péristile de cette salle, composé de douze colonnes d'ordre corinthien. La frise,

LE PORT DE BORDEAUX

Vu de la rive droite de la Garonne.

au - dessus, couronnée d'une balustrade, porte douze statues correspondantes à chacune des colonnes. Parvenu au vestibule, on est frappé de sa majesté et de son élégance; des colonnes doriques y supportent une voûte ornée de rosaces; au fond du vestibule se développe, à droite et à gauche, un vaste et double escalier, éclairé par la coupole, aussi riche par son architecture que par ses ornemens. Un second vestibule, orné de huit colonnes ioniques, communique à toutes les parties de l'édifice. Douze colonnes, d'une très-grande proportion, soutiennent le plafond de la salle et divisent en balcon chaque rang de loges. Ce plafond, primitivement fait par M. Robin, a été repeint depuis par M. La Cour.

Malgré ce qu'en disent différens auteurs, cette salle, quoique fort grande, ne l'est pas plus que celle de l'Opéra de Paris, et par conséquent beaucoup moins que celles de Turin, de Milan, de Naples, etc. Le jeu des machines s'y exécute avec facilité; on y admire la charpente du comble, ainsi que le jeu de bascule qui exhausse à volonté le plancher du parterre. Au-dessus du vestibule est la salle des concerts, d'une forme ovale et distribuée en trois rangs de loges. Deux beaux foyers et divers logemens occupent le surplus de ce magnifique bâtiment. L'ouverture s'en est faite en 1782.

Près du théâtre, sont deux jolies places circulaires, l'une à côté et l'autre au bout des allées de Tourny; la première, celle du Marché-Neuf, autrement des Grands-Hommes, n'est pas encore achevée; la seconde, celle de Saint-Germain, coupe en deux parties égales le beau cours de Tourny. Entre la place de Saint-Germain et le faubourg du Chartron, se trouve le jardin public, dont les grilles bordent le cours. A égale distance de la place du marché et de celle du grand théâtre, est le musée de la ville, où l'on a réuni tout ce qu'on a pu recueillir des débris des antiquités que renfermait l'ancien Bordeaux. Dans le même bâtiment, se trouvent un salon de tableaux, un cabinet d'histoire naturelle, et une assez belle bibliothèque.

Quoique Montaigne ne soit pas né à Bordeaux, cependant les respectables fonctions qu'il y a remplies, le long séjour qu'il y a fait, rendent sa mémoire chère aux Bordelais, et les étrangers s'empressent d'aller visiter la modeste maison qu'il y occupait, rue des Minimes, n°. 17, ainsi que le tombeau de cet homme célèbre, conservé dans l'église des Feuillans, aujourd'hui église du collège de la ville.

Nous n'avons considéré, jusqu'ici, la ville de Bordeaux que sous le rapport de son étendue et de la beauté de ses monumens; il nous reste maintenant à nous occuper de ses relations maritimes et commerciales. Rien n'égale le mouvement du port du Chartron, depuis que la France est en paix, sur - tout lorsqu'on la compare à la stagnation qu'il a éprouvée, pendant près de vingt-cinq ans de guerre. C'est dans ce port où se font les plus grands armemens du commerce et le plus grand négoce de vins et d'eau-de-vie du département de

la Gironde; on évalue ses exportations à cent mille tonneaux, année commune.
L'étendue de ce commerce n'a d'autres bornes que celles du globe. Les bleds et les
farines de Moissac, les résines des Landes, les denrées des îles, font encore
un objet considérable pour le commerce de cette ville. Sa population, qui augmente ou diminue considérablement, suivant la paix ou la guerre, est actuellement
d'environ quatre-vingt-dix mille ames.

Le climat de Bordeaux, quoique chaud, est un peu pluvieux. Son terroir sablo-
neux est excellent pour la vigne; sa dégénération en gravier, lorsqu'il approche
des rives de la Garonne, produit les meilleurs vins de Grave. La mer y fournit
de très-bons poissons, tels que saumons, lamproyes, sardines, rougets, etc. On
y mange aussi de très-bonnes huîtres, et de bonnes moules. Les dindes et les
pâtés aux truffes de Périgueux, les chapons de Barbesieux, les ortolans des Landes,
font l'ornement des tables des Bordelais, et, comme le dit *l'Ermite en voyage*,
Bordeaux peut être cité comme la véritable terre classique de la gastronomie. Au
reste, aucun peuple, peut-être, n'invite les étrangers avec autant de grace et de
franchise que celui de Bordeaux. Écoutons ce que dit à ce sujet M. Vaysse (1).

« Gourmets, qui recherchez la délicatesse et la diversité des vins, allez à Bor-
» deaux et dînez au Charleron, ce qui ne vous sera pas difficile; car il est impos-
» sible d'être plus invitant et plus honorable que le négociant Bordelais : on ne vous
» servira jamais le même vin, vous en changerez à chaque coup. C'est une dégus-
» tation continuelle, et toujours avec un *crescendo* soutenu qui finit par arriver
» au fameux *Madère*, au plus fameux *Constance*, après avoir épuisé, bien entendu,
» tous les crus de Bordeaux, tous les *Graves*, blancs et rouges, tous les *Médocs*,
» les *la Fitte*, les châteaux *Margaux*, les *Barsac*, les *Sauterne*, etc., etc. Les
» Bordelais aiment les arts, ils aiment aussi les honneurs et même la gloire. Ils
» arrivent fréquemment aux uns, et quelquefois à l'autre; et la nature leur en a
» prodigué tous les moyens. On leur reproche la jactance, cette maladie endémi-
» que du climat : sans doute, elle a trop souvent l'initiative sur les talens; mais
» elle ne les exclut pas comme ailleurs. Dans ce pays, on a toujours le sen-
» timent de son mérite, et la franchise de ne point s'en cacher; car la franchise
» n'est nullement étrangère au caractère du Bordelais, qui joint d'ailleurs à la lé-
» gèreté du Français, la gaîté, l'esprit et la pétulence du Gascon; mais il faut
» qu'il se vante de ses qualités; trop judicieux pour les ignorer, il est trop com-
» municatif pour pouvoir s'en taire; souvent même il se vante de celles qu'il n'a
» point; c'est un produit du terroir, où la culture de la vérité passe pour être un
» peu négligée.

» S'il est vrai qu'on a l'habitude de mentir plus qu'ailleurs sur les bords de la

---

(1) **Description routière de la France et de l'Italie**, route de Paris à Bordeaux, pages 268 et 269.

» Garonne, la cause n'en est ni au sol, ni au climat, ni au caractère des habitans,
» mais à la manie qu'ils ont contractée de s'amuser à faire des contes du ton le
» plus persuasif, pour mieux mystifier la crédulité. A force de mentir et de tromper
» pour son amusement, on s'accoutume à mentir et à tromper pour son intérêt. »

Bordeaux, tant pour son étendue que pour sa magnificence, est sans contredit la
ville de France qui approche le plus de celle de Paris. Le nombre de ses voitures,
le luxe de ses habitans, ne peut se comparer à aucune des autres villes de France.

Si la paix vivifie Bordeaux, la guerre le détruit entièrement; alors la tour de
Cordouan est pour les négocians de cette ville l'extrémité du monde. Cette multitude de navires qui encombraient son port, le désertent s'ils sont étrangers, ou
s'y pourrissent s'ils sont français. Ce vaste commerce, ces relations étendues, qui
enrichissaient le négociant, faisaient vivre le marin et l'artisan, ainsi que leurs
familles, n'existent plus : un cabotage furtif et qui n'est pas sans danger, et quelques armemens en courses, sont les seuls dédommagemens d'un état aussi prospère et envié par toutes les cités maritimes. La ville partage l'inactivité du port : les
quais sont déserts; le bruit du marteau, les chants des matelots ne troublent plus
les airs; tout est calme, c'est le silence des tombeaux.

Outre son commerce maritime, Bordeaux renferme différentes manufactures,
sur-tout dans un genre relatif à ses productions et à son négoce, telles que ton-
nelleries, verreries, fabriques de liqueurs, sur-tout d'anisette. On y compte aussi
au moins quarante rafineries de sucre.

Le négoce n'absorbe point tellement l'esprit des Bordelais, qu'ils ne quittent
quelquefois leurs spéculations commerciales pour les sciences et les arts.

Bordeaux a donné naissance à des hommes de mérite, dans tous les genres.
Ausone, Despaze, Berquin, poètes; Lecomte et les deux Lafiteau, jésuites; Biorat,
et Voisin, prédicateurs, étaient de Bordeaux, ainsi que l'historien du Haillan, et Jean
d'Espagnet, jurisconsulte. Nous ne mettons pas dans cette liste, Montaigne, ni
Montesquieu; l'un était né en Périgord, et l'autre au château de la Brede. Par-
mi les contemporains, nous citerons MM. De Sèze, jurisconsulte, pair de France;
La Cour, et Palière, peintres; Garat et Rode, musiciens; Andrieux, graveur;
MM. Dupaty, poète et statuaire.

Les femmes de Bordeaux ne le cèdent en rien, pour la grace, la tournure et
l'esprit, à aucune autre femme du monde. Elles l'emportent peut-être par la vivacité
et l'amour des plaisirs. Les grisettes de Bordeaux, renommées par leurs charmes,
y font souvent des conquêtes aussi brillantes que les beautés du haut parage.
Il existe une rivalité de luxe dans la toilette des dames du faubourg du Chartron et celles du Chapeau-Rouge. Lorsqu'elles doivent se rencontrer dans une
fête ou dans un bal, c'est un assaut de parure : si quelquefois les premières
triomphent du côté de la richesse, les autres l'emportent pale goût et l'élégance.

On trouve à Bordeaux, comme dans toute l'ancienne Guyenne, l'accent gascon et même le patois, à un degré moins sensible qu'à Auch et à Toulouse; mais rien de plus agréable que cet accent, sur-tout dans la bouche des Bordelaises.

Quoique le terrain des environs de Bordeaux soit très-sec, néanmoins les vignes y sont vigoureuses, et chaque ceps est un petit arbre à l'ombre duquel plusieurs personnes peuvent trouver un abri : cependant les vignes du Médoc sont moins hautes, et les vins qu'elles produisent ont plus de qualité.

L'autre rive de la Garonne n'offre ni le même sol, ni le même aspect; au lieu d'une plaine, il présente une côte un peu élevée et un sol argilo-calcaire ou pierreux, couvert de bois et de vignes, qui forment en face du port un riche rideau de verdure.

ERRATA. Page 74, 2e. ligne, au lieu de Gironde, lisez Garonne.

LE PORT DE BAYONNE,

Vu de la rive gauche au dessus de la ville.

BAYONNE.

Bayonne, *Bajona*, dont le nom est formé de deux mots, baya et ona, qui signifient bon hâvre, ou bon port. Cette ville, sous-préfecture du département des Basses-Pyrénées, n'est point ancienne et n'était pas connue avant le neuvième siècle. Elle était la capitale d'un pays appelé pays de Labourd, du nom d'un ancien château appelé *l'Ampurdum*, qui existait, à ce que l'on croit, sur l'emplacement qu'occupe cette ville. Située au confluent de l'Adour et de la Nive, ces deux rivières la partagent en trois parties à-peu-près égales.

Celle située sur la rive gauche de la Nive, s'appelle le Grand-Bayonne; celle placée entre les deux rivières, est le Petit-Bayonne; et le faubourg du Saint-Esprit est sur la rive droite de l'Adour. Ces deux rivières, sur lesquelles on a construit trois ponts pour la communication des différentes parties de la ville, sont couvertes de vaisseaux, de barques et de chaloupes, et présentent un aspect très-pittoresque. Les maisons, en général, y sont en pierre de taille et très-agréablement bâties. On trouve dans cette ville de grandes places publiques d'une forme irrégulière, mais entourées d'assez beaux édifices. Un cours, très-long, fort bien entretenu et embelli de plusieurs allées d'arbres, fait une promenade agréable, fréquentée par tous les habitans. On y trouve aussi des cafés, des bateleurs, des danseurs, des chanteurs et des joueurs d'instrumens. Plusieurs rues sont ornées de portiques, sous lesquels on circule à couvert.

Le grand et le petit Bayonne sont entourés d'anciens murs, auxquels Vauban a ajouté d'autres ouvrages extérieurs. La citadelle qu'il a bâtie, forme un carré régulier, renforcé de quatre bastions placés aux angles, avec leurs courtines, couvertes de demi-lunes, le tout enveloppé de fossés, de chemins couverts et de glacis. Placée dans le faubourg du Saint-Esprit, elle est située si avantageusement qu'elle commande le port et tous les quartiers de la ville.

Une barre, ou un grand banc de sable, qui se trouve à l'entrée du port, l'interdit aux gros vaisseaux. On a commencé différens travaux pour la détruire; mais ces divers travaux ont été interrompus.

La Cathédrale de Bayonne est un édifice gothique, d'un bon style et assez majestueux, qui fut bâti par les Anglais dans le quatorzième siècle, époque où ils possédaient une partie du midi de la France. Ce monument, dont le portail n'est point en proportion avec les autres parties, a une voûte assez élevée, qui lui donne un certain grandiose. C'est à Bayonne qu'on a inventé l'arme redoutable qui porte son nom.

Le principal commerce de cette ville, qui se fait avec l'Espagne, consiste en bois, fer, goudron, sucre, cassonade et jambon. Sa population est d'environ treize mille âmes. Ce fut dans cette ville et au milieu des fêtes, que Catherine de Médicis conçut et organisa l'horrible projet du massacre de la Saint-Bathélemy. Ce fut aussi cette ville que l'humanité de Dorthés, qui en était gouverneur, sauva, à cette malheureuse époque, des fureurs du fanatisme.

Bayonne et ses environs ont beaucoup souffert, en 1714, du voisinage de l'armée anglaise et espagnole.

SAINT-JEAN-DE-LUTZ.

Saint-Jean-de-Lutz, en langue du pays, *Luy* ou *Loitzun*, c'est-à-dire endroit marécageux, est situé au fond d'une anse, à l'embouchure de la petite rivière de Nivelle, qui sépare le faubourg de Cibour de la ville. On a élevé sur les caps de l'anse, des constructions défensives, qui ont été maltraitées, ainsi que la ville, par deux ouragans successifs, l'un, en 1777, et l'autre, en 1782. Ce dernier a enlevé cent soixante toises du quai. Comme l'entrée de l'anse a cinquante pieds d'eau, et qu'elle en a vingt-sept dans l'intérieur, on avait formé le projet d'y construire une digue comme à Cherbourg, ce qui aurait rendu cette rade susceptible de recevoir en sûreté les plus gros vaisseaux; mais ce projet, qui aurait été très-avantageux pour la sûreté de la ville même, en la préservant de la fureur des flots, n'a pas eu de suite. Après Bayonne, c'est le port de la côte où il se fait le plus de commerce. Ses habitans, au nombre de deux mille trois cents environ, dépourvus d'ambition, vivent heureux avec sagesse et frugalité.

Ce fut à Saint-Jean-de-Lutz, qu'en 1660, Louis XIV épousa Marie-Thérèse, infante d'Espagne.

LE PORT DE St. JEAN DE LUZ

Vu du Quai de Cibour.

LE PORT DE VENDRES.

Vu du Côteau de l'Anse du Carénage.

PORT-VENDRES.

Port-Vendres, *Portus-Veneris*, petite ville du département des Pyrénées-Orientales, est située à l'extrême frontière de ce département. Son port, qui avait été comblé, a été rétabli de 1780 à 1788. Connu des Romains, il avait acquis une certaine splendeur sous la domination des Espagnols. Mais devenu impraticable par la quantité de vases que les eaux de la mer y avaient déposées, il était entièrement abandonné. Cependant l'avantage de sa situation, les montagnes dont il est comme enveloppé, et qui mettent les vaisseaux à l'abri de tous les vents, frappèrent le duc de Mailly, alors gouverneur du Roussillon, lequel détermina la Cour à s'occuper de son rétablissement.

En effet, son voisinage des côtes d'Espagne, sa position au fond du golfe de Lyon, où les vaisseaux souvent acculés par les vents n'avaient point d'abri, nécessitaient cette entreprise et les travaux nécessaires à son exécution. Le bassin de ce port, qui a été nettoyé, présente une surface de dix mille toises carrées, pouvant contenir cinq cents bâtimens marchands, et un nombre proportionné de frégates, parce qu'il est maintenant assez profond pour qu'elles puissent y entrer. Des forts ont aussi été construits pour sa défense.

Pour tout ce qui a rapport aux constructions, ainsi qu'aux embellissemens de la ville, ils sont dus à de Wailly, célèbre architecte. La place d'une forme carrée, qui se trouve en face du port, sur-tout, est très-belle : chacune de ses faces peut avoir environ soixante mètres. Elevée de seize pieds au-dessus du sol du quai, on y monte par un escalier à double rampe, de trente-deux marches. L'architecte a ménagé dans le mur de revêtissement qui soutient le tertre plein du côté du port, deux fontaines à droite et à gauche de la rampe. Au-dessus de ces fontaines, décorées de trophées, se trouvent appuyées sur la balustrade qui couronne le mur, quelques pièces de canons qui commandent le port.

Les deux façades latérales sont ornées d'une semblable balustrade; au-delà, une large rue sépare les maisons de la place. Au centre de cette place s'élève un obélisque de cent pieds, dont la base est décorée d'une architecture rostrale. Au fond de la place, au-delà de la balustrade qui s'y répète, comme sur les autres faces, se trouve un fer à cheval, formé de pilastres réunis par des grilles de fer, qui enveloppent un grand bâtiment, dont les ailes servent de caserne à la garnison. Le corps-de-logis du milieu est le logement du commandant et celui de l'état-major; il y existe aussi une chapelle.

Ce n'était pas assez, sans doute, d'avoir rendu le port Vendres susceptible de recevoir et de mettre en sûreté une flotte entière, d'y avoir élevé à grands frais des magasins, de superbes bâtimens; il eut fallu changer encore le caractère, le goût de ses habitans et ceux des contrées qui l'avoisinent, peu portés au commerce maritime.

Les Espagnols, qui avaient pris cette place en 1793, furent obligés de l'abandonner l'année suivante.

LE PORT DE CETTE.

CETTE, ou *Cette*, *Setta*, ou *Port-Louis*, ville moderne, bâtie par Louis XIV, en 1666, à l'entrée du canal de Languedoc, est située dans le département de l'Hérault. Elle est assez bien fortifiée; une flotte anglaise, et les troupes qu'elle avait mis à terre pour s'emparer de cette place, en 1710, furent repoussées avec perte. Son port n'est accessible qu'aux galères et aux bâtimens qui tirent peu d'eau; on y trouve un Tribunal de Commerce; sa population est d'environ huit mille âmes.

LE PORT DE CETTE.

Vu du côté de l'Est.

LE PORT DE MARSEILLE.

Vu de la fausse braye de la Citadelle.

MARSEILLE.

MARSEILLE, *Massilia, Massalia*, belle, riche, grande et ancienne ville, située dans le département des Bouches-du-Rhône.

(1) « Plusieurs auteurs font remonter la fondation de Marseille à l'époque où
» Minos soumit les îles de l'Archipel et les côtes de l'Asie mineure (2), c'est-à-
» dire plusieurs siècles avant l'arrivée des Phocéens. Quoiqu'il en soit, cet établis-
» sement, s'il a existé, n'a pas été de longue durée, puisqu'il paraît prouvé que
» ce furent les Phocéens qui s'y fixèrent les premiers; entr'autres preuves, on peut
» citer plusieurs petites médailles d'argent de la ville de Marseille, représentant
» une tête de l'Apollon delphien, divinité que les Phocéens avaient en grande
» vénération (3), les colonies étant dans l'usage, comme on sait, d'adopter dans
» leurs médailles un signe caractéristique, qui rappelât le souvenir de leur mère
» patrie. C'est ainsi que les médailles et les monnaies deviennent souvent d'un
» grand secours pour déterminer l'origine d'un peuple ou d'une cité, lorsque la
» tradition ne présente rien de positif ni de satisfaisant.

» Les Massiliens, peuples originaires de Phocée, transplantés en Ionie où ils
» fondèrent la ville de Phocée, et d'où ils furent chassés par le mède Harpage, ayant
» équipé une flotte dans le dessein d'aller s'établir vers l'occident, arrivèrent à
» quelques distances de l'embouchure du Rhône. Après avoir battu, en passant,
» la flotte carthaginoise, ils y débarquèrent. Massalias, commandant de l'expé-
» dition, ayant été bien reçu dans Segorégium (aujourd'hui Arles) par Nanus,
» roi de cette contrée, qui même lui donna sa fille Syptis en mariage, résolut
» de se fixer sur cette côte. Ce fut alors qu'il jeta les fondemens de la ville de
» Marseille (4). Cette fondation remonte à six cent cinquante ans avant notre
» ère, suivant quelques auteurs, et seulement cinq cent quatre-vingt-dix-neuf,

(1) Ce morceau est extrait de l'ouvrage de l'auteur, sur l'Etablissement des Colonies grecques.
(2) Diod., liv. 5, p. 84; Hérodote, liv. 7, p. 170.
(3) Père Paciaudi, animad. plil.
(4) Paus., liv. 10, cap. 17.

» suivant Justin. Simos et Protis, qui faisaient partie de cette expédition :
» retournés en Ionie, et ayant fait connaître à leurs concitoyens l'avantage qu'ils
» pourraient tirer de cet établissement, les Ioniens y envoyèrent une nouvelle
» colonie, sous les ordres de Furius et de Pésanus, quarante-cinq ans après la
» première.

» (1) Les Marseillais, beaucoup plus instruits que les Saliens, anciens habitans
» de la contrée, y répandirent bientôt la lumière, polirent les mœurs, perfection-
» nèrent l'agriculture, créèrent les sciences, y naturalisèrent le commerce et les
» arts, et après avoir triomphé ainsi de l'ignorance et de l'habitude, ils vainquirent
» par les armes les Liguriens leurs voisins et leurs rivaux.

» Dans un espace de temps très-court, Marseille devint la rivale de Carthage.
» Trois cent cinquante ans après sa fondation, deux de ses citoyens, Eutimène
» et Pithéas, envoyés aux frais de cette ville et par les ordres de son sénat, pour
» faire d'utiles découvertes, franchirent les colonnes d'Hercule. Le premier, après
» avoir passé à la vue de Gades, se dirige au sud, va reconnaître l'embouchure
» du Sénégal, et par ses observations fait faire un pas à l'art nautique et à la
» géographie. Il a même laissé, disent quelques anciens auteurs, un ouvrage sur
» cette dernière science, ainsi qu'une relation de son voyage; mais ces manus-
» crits ne sont pas parvenus jusqu'à nous. Pithéas, se dirigeant vers le nord, après
» avoir cotoyé la Lusitanie, l'Ibérie et les Gaules, cingle vers la mer Baltique,
» et, par ses diverses observations, hâte les progrès de l'astronomie et ceux de
» l'hydrographie.

» Toutes ces excursions lointaines n'empêchèrent pas la colonie de Marseille
» de s'étendre entre les Pyrénées et les Alpes; elle forma même des établissemens
» en Espagne, jusqu'aux colonnes d'Hercule. Du côté de Monaco, on trouvait une
» multitude de peuplades grecques, mêlées parmi les nations d'origine lygurienne(2).
» qu'on nommait alors Salyes. On peut citer entr'autres les Velaunii, peuples si-
» tués près de Nerusii, vers la côte d'Antibes, dont l'existence est appuyée par
» un monument de la collection de Caylus (3), représentant une main, sur la-
» quelle on lit une inscription grecque, qui indique qu'elle est offerte aux Velau-
» niiens. Or, comme ce monument est grec, et que l'on sait que cette nation
» n'aurait pas honoré d'un *tessere* d'hospitalité un peuple barbare, il parait prouvé
» que Velaunii était une colonie grecque, fondée par celle de Marseille. Antibes,
» la Ciotat, Fréjus, Avignon, Toulon, Agde, étaient aussi des colonies marseil-
» laises.

---

(1) Rufi. Histoire de Marseille.
(2) Strabon, p. 203.
(3) Caylus, tome 5, p. 156.

A. Constans del.

P. le Grand.

LE PORT DE MARSEILLE.

Vu de l'ancien Arcenal.

» Les Rhodiens avaient fondé à l'embouchure du Rhône *Rhoda* ou *Rhoda-*
» *nusia*. Cette ville fut occupée ensuite par les Marseillais. Il existe une médaille
» de *Rhoda*, dont Pellerin fait mention (1), sur laquelle on voit la rose de Rhodes
» et le soleil, qui lui sert de type, ce qui ne peut laisser aucun doute sur son origine.

» Lyon ou Lions, *Lugdunum*, paraît aussi devoir sa fondation aux Grecs de
» Marseille. Momorus, chef d'une colonie chassée de cette ville, vint, suivant quel-
» ques auteurs, s'y établir environ six cents ans avant notre ère. Quoique d'autres
» attribuent cette fondation à Munatius Plancus, chassé de Vienne par les Allo-
» broges, environ cinq cents cinquante ans après cette époque, cependant ces deux
» versions ne semblent pas très-contradictoires; Momorus peut avoir jeté les pre-
» mières fondations de cette ville et Plancus avoir ajouté à sa splendeur et à sa
» population, ce sentiment est aussi celui du père Ménétrier (2).

» Marseille, comme nous l'avons déjà dit, avait un grand nombre de colonies
» sur les côtes d'Espagne: Amporiac, aujourd'hui Ampurias, non loin des colonnes
» d'Hercule, était une colonie marseillaise (3). Cette ville, habitée d'abord par les
» naturels du pays, fut ensuite agrandie et peuplée séparément du côté de la mer,
» par les Marseillais. Roses en Catalogne, *Rodenses*, était aussi une colonie de Rhodiens.
» Sylax laisse entrevoir qu'il y avait beaucoup de colonies grecques et sur-tout
» marseillaises sur les côtes d'Ybérie; mais comme à l'endroit de son texte, où il en
» est question, il manque quelques lignes, on ne peut distinguer le nom de ces
» diverses colonies, dont il paraît avoir fait le dénombrement, comme il était
» dans l'usage de le faire à l'égard des autres (4).

» Marseille, dans les premiers temps, était le modèle de toutes les vertus.
» Tacite, dans la vie d'Agricola, s'exprime ainsi : « Né vertueux, il fut préservé de
» la séduction du mauvais exemple, par son propre caractère, et par l'avantage
» qu'il eut dès son enfance d'étudier dans la ville de Marseille, école des sciences,
» des mœurs, où règne la politesse des Grecs, avec cette économie qui ne se
» trouve plus que dans nos provinces. » Justin, Valère-Maxime, Cicéron même
» et Pline, lui rendent la même justice. Ces beaux jours s'éclipsèrent peu-à-peu
» sous les Empereurs romains.

» Marseille, enrichie par les mines d'Espagne et par un commerce immense,
» devint dissolue et dépravée (5). Dans les siècles suivans, on disait aux débauchés
» des villes grecques : *Naviguez à Marseille*, et ces mots passèrent en proverbe.
» Les Marseillais avaient adopté un grand nombre de lois et d'usages de l'Ionie,

(1) Recueil des médailles des peuples et des villes, tome 1, page 25.
(2) Hist. cons. de la ville de Marseille.
(3) Sylax, Voyage autour du monde.
(4) *Ibid.*
(5) Athenée, liv. 12, par 523.

» leur mère patrie : on y remarque même encore quelques-uns de ces derniers.
» Cette ville avait un sénat, composé de six cents membres.

» Les Romains, désirant profiter des mêmes avantages que retiraient les Grecs
» de la position de Marseille, envoyèrent aussi une colonie dans cette ville, qui,
» après avoir secouru les Marseillais contre les naturels du pays, s'y fixa.

» César, ayant voulu forcer les Marseillais d'abandonner la neutralité qu'ils ob-
» servaient entre lui et Pompée, ceux-ci se mirent en état de lui résister, soutinrent
» un siège mémorable contre toutes les forces de ce grand capitaine, et ne se
» rendirent qu'après avoir été vaincus deux fois sur mer. César, vainqueur généreux,
» n'abusa pas de sa victoire. Marseille fut prise, pillée et brûlée, en 1423, par
» Alphonse d'Arragon. »

A une lieue de Marseille, lorsqu'on est parvenu au haut de la montagne de la Viste,
on découvre, comme par enchantement, cette superbe ville, dont la grandeur et
l'élégance se développent en croissant autour de son port, hérissé de mâts et de
cordages. A gauche, on découvre une vaste et riche vallée, où cinq mille bastides
construites plus élégamment les unes que les autres, offrent aux négocians une
retraite délicieuse, où ils vont le dimanche avec leurs amis se délasser, au sein de
leurs familles, des travaux de la semaine. A droite, une rade immense, couverte
de navires, et une longue suite de riches coteaux, présentent un aspect imposant,
qu'embellit encore la vue des îles d'If, de Pomégues, de Ratoneau, et celle de la
pleine mer.

L'entrée de la ville de Marseille, par la porte d'Aix, est remarquable par son
superbe cours, situé au milieu d'une rue spacieuse, qui se prolonge jusqu'au centre
de la ville. De là une autre rue, la rue de Rome, plus belle que celle de Tolède
à Naples et celle du Po à Turin, vous conduit à l'autre extrémité de la ville. Rien de
plus brillant les fêtes et dimanches, que le concours des habitans qui viennent prendre
l'air (un peu intercepté cependant par les maisons) dans la magnifique promenade
de ce cours!

Le quartier situé entre ce cours et le port est celui de la vieille ville. L'autre partie,
du double d'étendue, forme la ville neuve. Toutes les rues de cette dernière, larges,
droites et régulièrement alignées, sont bordées de trotoirs. Les maisons qui les entourent sont bâties, et quelques-unes même, décorées par le ciseau du célèbre Puget,
qui honore le beau siècle de l'architecture et de la sculpture française. On trouve à
Marseille trois salles de spectacles, ce qui ne doit pas paraître extraordinaire pour
une ville dont la population est au moins de cent mille âmes. Celle du grand
théâtre, la seule qui mérite d'être citée, bâtie sur un plan à-peu-près semblable au
second Théâtre-Français de Paris, est placée aussi en face d'une rue nouvelle.

L'édifice le plus important de Marseille est l'Hôtel-de-Ville, construit sur le
port par Puget. Sa façade, d'une architecture riche et noble, est agréable à la

LA RADE DE MARSEILLE.

Vue du Rivage proche de Crenе

vue; le rez-de-chaussée est consacré à la Bourse, autrement appelée Loge. On voit en face de l'escalier une statue, celle de Bayon, qui du temps de la ligue ôta la vie au consul Casaux, chef des ligueurs, et reçut de la ville qu'il avait délivrée de son tyran, le nom de Libertat. La grande salle du conseil est ornée de deux tableaux de de Serre, né à Marseille, représentant la peste qui désola cette ville en 1720. Lorsque le cavalier Bernin fut appelé en France par Louis XIV, frappé d'étonnement à la vue de ce monument, il s'écria : Quand on a de pareils artistes, il est inutile d'en aller chercher en Italie !

Le Lazaret, qu'on aperçoit sur la côte à deux cents pas nord-ouest de la ville, passe pour l'un des plus beaux de l'Europe, cependant il n'offre rien de remarquable, si ce n'est un beau bas-relief du Puget. Les équipages des vaisseaux y subissent la quarantaine avec beaucoup de rigueur. Cet établissement date de l'époque désastreuse de 1720, qui fit périr quarante à cinquante mille habitans, c'est-à-dire la moitié de la population. C'est ici le cas de rappeler le zèle vraiment apostolique de M. de Belsunce, son digne évêque, qui s'exposa à tous les dangers de cette affreuse calamité, pour la conservation et le salut de ses ouailles. Nous n'oublierons pas non plus les deux échevins, Moustier et Estelle, qui les partagèrent, ainsi que le chef d'escadre Langeron et le chevalier Rose. Les médecins Verni, Chicoineau et Deydice, qui accoururent de Montpellier, après la mort ou la fuite de ceux de la ville, méritent aussi la reconnaissance de la postérité. Aujourd'hui les mesures sont si bien prises, qu'un vaisseau pestiféré ne cause plus la moindre crainte, et qu'on en a vu repoussés pour cette cause de tous les ports de la Méditerranée, être reçus sans difficulté dans celui de Marseille.

On doit à M. Charles de Lacroix, ancien préfet, de nouveaux boulevards ornés de fontaines, décorées par Chardini, qui contribuent à l'ornement et à la salubrité de la ville. On aperçoit à l'extrémité de l'un de ces boulevards, un rocher, naguère sauvage et inaccessible, aujourd'hui orné de jeunes pins et de rampes douces, sablées et ménagées avec art, au moyen desquelles on parvient sans fatigue à son sommet, où l'on jouit d'une vue magnifique.

« La course la plus intéressante à faire à Marseille pour un amateur des beautés » naturelles, dit M. de Saussure, est celle de Notre-Dame de la Garde, à un quart » de lieue au midi de la ville. C'est une colline peu élevée, d'où cependant on dé- » couvre une grande étendue de terre et de mer, et l'on signale l'arrivée des vais- » seaux, ainsi que leur départ. La vue du haut de la plate-forme, qui couronne cette » colline, est vraiment magnifique. C'est un des plus beaux aspects maritimes que » j'aie eu le bonheur de voir (1). »

Chapelle et Bachaumont ont décrit assez gaîment ce fort, qui de leur temps n'était qu'une bicoque.

(1) Voyage de Saussure, chap. 255, 1516.

C'est Notre-Dame de la Garde,
Gouvernement commode et beau,
A qui suffit, pour toute garde,
Un suisse avec sa hallebarde,
Peint sur la porte du château.

Les réparations faites à ce fort, depuis peu, ont entièrement changé son aspect ; c'est sur cette hauteur qu'était située la forêt Sacrée, dont Lucain a fait une si belle description dans sa Pharsale, forêt qui n'existe plus, la montagne étant entièrement pelée. On sait que les forêts étaient autrefois, pour les Gaulois, les objets d'une religieuse vénération.

On chercherait vainement, soit dans l'enceinte de cette ville, la plus ancienne des Gaules, ou dans ses environs, des vestiges grecs ou romains : les irruptions multipliées des barbares, qui se sont rapidement succédées, leurs ravages, après la destruction de l'empire, les a anéantis. Les entrailles de la terre seules en ont recelé quelques légers souvenirs, notamment une espèce d'obélisque de sept à huit pieds de haut, que quelques savans croient être le fameux Gnomon de Pythéas, avec lequel ce célèbre astronome avait fixé l'obliquité de l'écliptique.

Marseille était célèbre sous l'empire romain ; elle avait une académie, rivale de celle d'Athènes : Pline l'appelait la Reine des Sciences. « Je ne t'oublierai pas, Massilia, » dit Cicéron (1), toi dont la vertu est à un degré si éminent, que la plupart des na-
» tions te doivent céder, et la Grèce même ne doit pas se comparer à toi. »

Marseille ancienne a produit nombre de grands hommes ; indépendamment de Pythéas et d'Eutimène, tous deux contemporains d'Alexandre, dont j'ai déjà parlé, on trouve le médecin Démosthène, antérieur d'un siècle à notre ère, cité par Galien, et suivi par Asclépiade, dans la cure de la maladie connue sous le nom du charbon ; Crinias, contemporain de Néron, aussi médecin, qui par ses talens avait acquis tant de richesses, qu'il légua, suivant Pline, cent sesterces pour rebâtir les murailles de la ville. Marseille moderne n'a pas été moins féconde : Durfé, auteur de l'Astrée, le botaniste Plumier, le prédicateur Mascaron, le célèbre Puget, architecte, statuaire et peintre, étaient nés dans cette ville, ainsi que le grammairien Dumarsais, le père Croiset, l'historien Ruffi ; le chevalier Paul, de mousse devenu officier-général, et beaucoup d'autres. Le chevalier Paul, fils d'une blanchisseuse, et né dans un bateau au milieu d'une tempête, ne s'enorgueillit jamais de sa fortune. Se promenant un jour sur le port avec des officiers, ses camarades, il aperçut un pauvre matelot qui n'osait l'aborder. Paul, allant à lui : « Pourquoi me fuyez-
» vous, lui dit-il ; croyez-vous que la fortune m'ait fait oublier mes anciens amis. » Et se tournant vers ses confrères : « Messieurs, leur dit-il, voilà un de mes anciens

_____

(1) Cicéron, orais. pour Flaccus.

» camarades : nous avons été nourris sur le même vaisseau ; le sort m'a favorisé et lui
» a été contraire, je ne l'en estime pas moins : souffrez que je m'entretienne avec
» lui. » Il lui procura un emploi honnête, qui fit son bonheur et celui de sa famille.

Marseille a un Observatoire estimé ; M. Pons, concierge de cet établissement,
s'est fait connaître depuis long-temps par son habileté à découvrir les comètes. Cet
Observatoire est admirablement situé pour la vue : la construction en est simple,
mais le local est très-beau. On trouve aussi dans Marseille une Bibliothèque publique,
contenant soixante mille volumes ; une Académie, un Lycée, un Jardin des Plantes,
un Muséum, une école de Navigation, et un cabinet d'Histoire Naturelle.

Cette ville est le chef-lieu de la préfecture du département des Bouches-du-Rhône.
Elle renferme un tribunal de première instance, un de commerce, une cour spéciale de
justice, un syndicat de commerce, une préfecture de police, six justices de paix, un
hôtel des Monnaies et un tribunal de prud'hommes, qui jugent en dernier ressort les
délits relatifs à la pêche.

Lorsqu'on parcourt Marseille, sur-tout à l'heure de la Bourse, on est étonné
de l'affluence qu'on y rencontre ; la variété des costumes, des langages, des mœurs ;
les cris, le mouvement en tous sens, forment un tableau parfaitement décrit par
Lefranc de Pompignan.

> Vous y voyez, soir et matin,
> Le hollandais, le levantin,
> L'anglais sortant de ces demeures
> Où le laboureur, l'artisan
> N'ont jamais vu pendant trois heures
> Le soleil par quatre fois l'an.
> Là, tout esprit qui veut s'instruire,
> Prend de nouvelles notions ;
> D'un coup-d'œil on voit, on admire
> Royaume, république, empire,
> Et l'on dirait qu'on y respire
> L'air de toutes les nations.

Le port de Marseille a cinq cents toises de profondeur, sur environ deux cents
de largeur. Il peut contenir neuf cents vaisseaux ; l'entrée, resserrée entre deux rochers,
est fermée par une chaîne. Deux forts, celui Saint-Jean et celui de Saint-Nicolas,
construits sur ces rochers, en défendaient le passage. Le premier est à-peu-près
démoli. Le château d'If, situé dans l'île de ce nom, en face de la rade, est assez
fortifié et bien garni d'artillerie ; ce château est une prison d'état. L'île d'If, et celles
de Pomégues et de Ratoneau, sont un objet de promenades maritimes, très-suivies,
tant par les étrangers que par les habitans ; le fort qui existe dans cette dernière
île, fut construit à la fin du seizième siècle, par le duc de Guise. M. Vaysse (1) rapporte à son sujet une anecdote assez plaisante. « Un des invalides, chargé de la garde

_____

(1) Description routière et géographique de la France.

» du fort, s'en rendit maître, raconte-t-on, dans le dernier siècle, s'en déclara roi,
» et fit ensuite contribuer les bâtimens qui passaient à la portée de son canon. Il le
» défendit à lui seul pendant quelque temps; on ne le prit, ajoute-t-on, que par sur-
» prise, en profitant du sommeil de Francœur; c'est le nom de cet étrange conqué-
» rant, qui se baptisait avec complaisance, Francœur, roi de Ratoneau. On ajoute
» encore, que Louis XIV voulut voir ce confrère détrôné, qui, sans doute, n'était
» qu'un cerveau dérangé. »

La ville de Marseille faisait, avant la révolution, un commerce immense ; on y
comptait quelquefois jusqu'à cinq cent cinquante navires : il reprend aujourd'hui avec
activité. Si ce port obtenait la franchise, tel qu'il la sollicite, il deviendrait vrai-
semblablement le port le plus commerçant de la Méditerranée. Voici l'état des
exportations et importations annuelles du port de Marseille, pendant les années qui
suivirent la paix de 1783 (1).

Commerce du Levant.	92 millions.
Amérique.	40
Des Indes.	3
Commerce de morue.	4
De grains avec la France, l'Italie et le Nord.	6
Diverses branches avec l'Espagne, la Hollande, l'Italie, et qui ne sont point calculées.	30
Savons fabriqués, et matières premières.	30
Fabriques de chapeaux.	3
Commerce en assurances.	150
Idem, espèces étrangères.	15
Total.	373 millions.

Les fabriques de savons, au nombre de trente-huit, employaient à Marseille, à
cette époque, cent soixante-dix chaudières et mille ouvriers. Les quarante fabriques
de chapeaux faisaient vivre cinq cents hommes et autant de femmes. On y comptait
douze rafineries de sucre, dix manufactures de fayence, deux de porcelaines, douze
d'indiennes peintes, douze de bas de soie, douze dite à voile, une d'étoffe d'or et
d'argent, deux de tapisseries en fil, soie et filoselle ; une de tabac haché, vingt de
liqueurs, dix d'amidon, huit de verreries ; vingt tanneries, trois dites maroquins en
couleurs ; une papeterie, deux fabriques d'eau-de-vie, six de chandelles, douze de
toiles à voiles ; deux fabriques de corail ouvré, deux dites de gants, sept dites de
bougies, deux dites de bonnets de laine, à l'usage des musulmans ; une de vitriol,
quatre de soufre en canons ; trois teintures de coton filé rouge ; une filature dans
les galères ; quatre fabriques de plomb à giboyer ; différentes teintures pour les draps
et étoffes, et différentes fabriques de souliers pour l'Amérique. On sent combien la

(1) M. Bérenger, Soirées provençales.

longue guerre que nous venons d'éprouver, a dû diminuer cet état florissant, qu'une longue paix et un bon gouvernement peuvent seuls faire renaître.

Un fléau qui dévaste Marseille et ses environs, est le mistral, vent furieux du nord-ouest, qui règne pendant une partie de l'année dans la Provence, déracine quelquefois les plus gros arbres, dessèche les gazons, la verdure, et ramène l'hiver au milieu du printemps. Le vent et les débordemens de la Durance, qui ravagent souvent une partie de la Provence, rappellent le proverbe suivant :

Trois fléaux en Provence,
Le Parlement, le mistral et la Durance.

Néanmoins, ces deux derniers fléaux ont aussi leurs avantages ; les débordemens de la Durance fertilisent singulièrement les plaines qu'ils ont couvertes. Le mistral purifie l'air, que les grandes chaleurs et les vapeurs fétides du port pourraient rendre dangereux. Les anciens habitans de cette contrée avaient pour le mistral un grand respect. Sénèque dit qu'ils lui doivent la sérénité du ciel sous lequel ils vivent. Auguste, pendant son séjour dans les Gaules, lui éleva un temple. Vainement plusieurs savans ont cherché à découvrir les causes de ce fléau. On a remarqué qu'en 1769 et 1770, le mistral avait duré quatorze mois de suite.

Si nous en croyons M. Bérenger, les mœurs de Marseille ne sont pas très-pures ; mais pour ne rien prendre sur notre compte, nous le laisserons parler. « Je » le dis à regret, s'écrie-t-il (1), mais notre patrie, asile antique des mœurs et » de la simplicité, est aujourd'hui le séjour du luxe et de la licence ; le luxe y confond » tous les rangs ; la licence y est effrénée ; père de famille, garde-toi d'envoyer là » ton fils, si son innocence et sa santé te sont chères........ Je l'ai vu avec douleur, » je voudrais l'écrire avec l'éloquence de J. J. Rousseau : les mères de familles ne » nourrissent presque plus elles-mêmes ; l'étrangère les remplace dans l'exercice de » ce devoir sacré ; l'étrangère est l'objet du premier sourire de leurs enfans, elle » reçoit ses premières caresses ! De là, on l'a tant dit, moins de tendresse, moins de » reconnaissance de la part des enfans ; plus de liberté, plus d'écarts dans les mœurs » d'un sexe qui décide des nôtres. De là, la première éducation, toujours grossière » et manquée. De là, enfin, une foule d'êtres empoisonnés, ou délabrés pour la vie, » parce qu'aux environs d'un port aussi fréquenté, la plupart des nourrices sont » viciées jusque dans la moëlle des os. »

Il paraît prouvé que c'est à la Provence ainsi qu'au Languedoc que l'on doit les Troubadours, connus également autrefois sous le nom de professeurs de la science gaie. Les troubadours de Provence, dit le comte Algarotti, tenaient chant ouvert de poésies, et étaient maîtres de toutes sortes de gentillesses. C'est sur eux que se formèrent nos premiers poètes. Un certain roi d'Espagne pria le comte de Provence de lui envoyer quelques-uns de ces maîtres de politesse. Chauwer, avec leurs secours, vint

---

(1) Soirées provençales, tome 1, pag. 133.

à bout d'épurer la poésie anglaise. L'époque la plus brillante des troubadours fut celle des douzième et treizième siècles; alors, les plus grands princes tinrent à honneur d'être admis dans leurs rangs. On y comptait l'Empereur Frédéric; Alphonse, Roi d'Arragon; un dauphin, comte d'Auvergne; un comte d'Anjou; les comtes de Toulouse et de la Marche. Le comte Raymon, Bérenger, et Béatrice de Savoye, son épouse, tenaient les rangs les plus distingués parmi ces anciens poètes; comme Thibault, comte de Champagne, et Raoul, comte de Soissons, parmi les trouvères.

Les superstitions religieuses, dont la plupart remontaient au paganisme, ont été conservées plus long-temps à Marseille qu'ailleurs. On y comptait, en 1370, quatre mille pénitens, enrôlés dans douze compagnies, de diverses couleurs, qui avaient chacune plusieurs chapelles. Ces associations, dégénérées en licence, furent proscrites sous François Ier., par un édit de ce prince du mois d'août 1539, qui ordonna que les pénitens seraient licenciés et leurs chapelles rasées. Mais cet édit sage n'eut pas d'exécution, car, deux ans après, les réformés de cette ville, qui avaient lieu de craindre ces associations, firent des réclamations qui ne produisirent aucun effet. La plupart de ces confréries, qui avaient beaucoup de rapport avec celles qu'on voyait dans Paris à l'époque de la ligue, existaient encore avant la révolution et même se rétablissent aujourd'hui.

En 1789, la procession de la Fête-Dieu était à Marseille un spectacle qui attirait les étrangers; et quoique la piété du vénérable M. de Belsunce, son digne évêque, et celle de son successeur, en eussent écarté ce qu'il y avait de plus scandaleux, néanmoins l'indécence de quelques personnages qui y étaient représentés, notamment celui de Magdeleine, scandalisait les personnes pieuses. Cette procession, dans laquelle tous les moines pénitens jouaient leur rôle, représentait les divers mystères et les différens traits de l'Écriture-Sainte, d'une manière si grotesque, que les bons catholiques eux-mêmes en étaient affligés.

LA CIOTAT.

LA Ciotat, *Civitas*, ville et port situés dans le département des Bouches-du-Rhône, à cinq lieues de Marseille et trois de Toulon. Cette ville, peuplée de plus de six mille habitans, a un tribunal de commerce. Elle est célèbre par la bonté de ses vins muscats, rouges et blancs. Ses environs produisent de fort bonne huile et des fruits excellens.

Elle est fort ancienne et doit, dit-on, son origine à trois tours que des pêcheurs marseillais construisirent à peu de distance du lieu qu'elle occupe aujourd'hui, dans la dépendance du village de Céiresta, afin de se mettre à l'abri des corsaires de Barbarie. Son port a la forme d'un fer à cheval; il est défendu par plusieurs forts. Sa proximité du bois de Conil, fait qu'on y construit beaucoup de petits bâtimens, pour les habitans du port de Toulon, et celui de Marseille.

LE PORT DE LA CIOTAT.

Vu en dehors des Môles.

LE PORT NEUF DE TOULON.

Vu de dessus le vieux Môle.

TOULON.

Toulon, *Telo*, *Telonium*, *Telo Martius*, *Portus citharista*; est l'un des plus beaux ports de France : c'est un des départemens de la marine de l'État. Cette ville, située dans le département du Var, sur les bords de la Méditerranée, a une sous-préfecture et un commandant maritime. Elle est fort ancienne : on fait remonter son origine à Telo Martius, général romain du temps de l'empereur Antonin qui, dit-on, lui donna son nom. Cette étymologie nous paraît plus sûre que l'opinion de ceux qui prétendent qu'elle la tire de sa forme oblongue. Néanmoins, il est probable qu'avant cette époque, les Marseillais y avaient fondé une colonie.

Quoique cette ville n'ait pas de rivière proprement dite, cependant, elle est arrosée par une multitude de ruisseaux, qui y répandent la salubrité et la fraîcheur. Le port neuf, construit par Louis XIV, est destiné aux vaisseaux de guerre. Il est vaste et commode : on y admire sur-tout le bassin construit par M. Grognard, qu'on peut regarder comme le chef-d'œuvre du génie. Nous ne pouvions mieux faire, pour en donner une idée à nos lecteurs que de copier la description qu'en a faite M. Bérenger. (1)

« Quel ouvrage étonnant que le bassin de M. Grognard ! Il faut en avoir vu tout
» le mécanisme intérieur, il faut connaître tous les obstacles de la nature et de
» l'envie, qu'il a eu à surmonter; il faut enfin l'avoir entendu lui-même démontrer
» sur les lieux, les opérations inconcevables auxquelles il a été forcé : alors on re-
» connaît dans ce grand ouvrage un monument qui doit immortaliser son auteur,
» et dont l'antiquité se fût enorgueillie.

» Voici une courte description de ce fameux bassin; je puis la donner pour fidèle,
» je l'ai vérifiée moi-même en présence de l'ouvrage et de l'auteur. Cette caisse a
» trois cents pieds de long sur cent de large. Quand le vaisseau qu'on veut radou-
» ber y est entré, on ferme la porte par le moyen d'un vaisseau fait en cône tronqué,

(1) Soirées provençales,

» et chargé de tout ce qu'il y a de plus pesant pour le faire plonger; il s'engrène
» parfaitement dans les rainures : et quand on a pris toutes les mesures convenables
» pour que l'eau extérieure n'entre point, on évacue celle de l'intérieur, par le
» moyen des pompes. La tranquillité de la mer qui, dans le port de Toulon est
» exemple du flux et du reflux; a beaucoup facilité les moyens de donner à cet
» ouvrage la solidité dont il avait besoin.

» Ce bassin, je l'avoue, a de grands avantages pour la construction et le radoub
» des vaisseaux (1), mais il prive les curieux d'un beau spectacle. La mer venant
» chercher le navire, l'homme n'a plus la gloire de lancer dans ses flots ces forte-
» resses flottantes, et de la voir ouvrir son sein pour les recevoir.»

Ce port est accompagné d'un arsenal magnifique, où se fabrique tout ce qui est
nécessaire pour la construction, l'entretien et l'armement des vaisseaux. Le
chantier qui règne le long du port, est vaste : les charpentiers, les serruriers,
les forgerons, les menuisiers, les sculpteurs, ont des ateliers spacieux et commodes. Chaque vaisseau a son magasin particulier, indépendamment du magasin
général, qui remplace à mesure tout ce qui vient à manquer dans les premiers. La
corderie, bâtie en pierres de taille, a trois cent vingt toises de longueur : elle a trois
rangs d'arcades, où trois lignes de cordiers peuvent travailler à-la-fois sans se gêner
mutuellement. L'étage supérieur est occupé par une multitude d'ouvriers qui pré-
parent les filasses et les chanvres. On remarque aussi la fonderie, la tonnellerie,
la boulangerie; la voilerie est d'une grandeur immense. Nous allons encore copier
M. Bérenger pour la description de la Salle d'armes.

« Les yeux sont éblouis autant qu'effrayés, lorsqu'on pénètre pour la première
» fois dans la Salle d'armes : tout annonce et l'antre de Bellone, et l'atelier de
» Vulcain, et le génie de la destruction.

» La cour d'entrée est garnie de pyramides de boulets de tous les calibres; les
» canons de fer et de bronze de tous les vaisseaux sont là, qui reposent : c'est le
« sommeil des volcans. Les mortiers auprès des bombes, des grenades et des bou-
» lets ramés, entremêlés de coulevrines, bordent la haie. Quand on ouvre les
» portes de ce magasin redoutable, ces portes plus terribles que celles du temple
» de Janus, on aperçoit tout-à-coup au fond, comme dans un sanctuaire martial,
» l'autel de la guerrière Pallas. La statue de la déesse, couverte de feu, la lance
» en main, le casque en tête, porte au bras sa flamboyante égide........ Vingt mille
» fusils tapissent les murs des salles. Des milliers de piques, de lances, de hal-
» lebardes, de mousquets, d'obusiers, de pistolets, de petits canons, sont rangés
» avec ordre sur des tablettes parallèles...........

» Les soleils qui brillent dans les plafonds en rosaces sont figurés par des sabres

_____

(1) Ce bassin ne sert plus guère aujourd'hui qu'au radoub des vaisseaux.

LE PORT VIEUX DE TOULON.

Vu de l'atelier de Peinture.

» dont les poignées sont rassemblées dans un centre, et dont les lames rayonnantes
» peuvent vous servir de miroirs. Les colonnes des divers autels sont hérissées, depuis
» la base jusqu'au chapiteau, de bayonnettes acérées.........

» Ces mille pointes menaçantes, ces lances, ces mannequins de nos vieux guer-
» riers, couverts d'un acier poli comme une glace; leurs pertuisanes, leurs haches
» d'armes à côté des épées, des fusils des modernes, m'offrirent un appareil si
» meurtrier, qu'en vérité, je crus assister à je ne sais quelle assemblée décrite par
» Milton, lorsque tous les diables rassemblés dans l'arsenal du Tartare y travaillent
» à l'invention des armes à feu. »

Les Ecoles des gardes marines méritent aussi d'être vues : on y conserve les modèles les plus parfaits des vaisseaux de toute espèce et de toutes les proportions.
On y distingue les salles qui servent à leur enseignement dans tous les genres, soit
pour les mathématiques, l'hydrographie, le dessin, les armes, etc.

La ville de Toulon se divise en deux parties, le quartier neuf et le vieux quartier; si ce dernier est mal bâti, en revanche l'autre est bien construit, et la forme
des maisons est assez élégante. Toulon est le siége d'un Tribunal civil et de commerce. Les voyageurs y rencontrent tous les agrémens et les ressources des grandes
villes. On y trouve d'assez bonnes auberges, de beaux cafés, plusieurs maisons de
bains, et une salle de spectacle. Sa population est d'environ vingt-sept mille âmes,
sans y comprendre environ trois mille ouvriers et cinq mille forçats : ces derniers y
sont assez bien traités, les particuliers même les emploient souvent pour leurs travaux, et ne dédaignent pas de s'entretenir avec eux. Le commerce de Toulon
consiste principalement dans les denrées du pays, auxquelles on peut joindre celui
que procure ses manufactures de savon et celles de grosses draperies, connues sous
le nom de pinchinat.

On voit au fond de la rade, qui est large et spacieuse, un lazaret militaire, établissement utile pour tous les ports qui commercent avec le Levant. Parmi les
monumens des arts qui se rencontrent dans la ville de Toulon, nous citerons la
porte d'ordre dorique de l'Arsenal, construite par l'architecte Lange, et ornée
de figures et de trophées analogues à son objet. L'ancien hôtel de l'Intendance et
celui de la Commune méritent d'être cités : le grand balcon de ce dernier est orné
de deux thermes du Puget, lesquels sont dignes de la réputation de ce sculpteur
célèbre. La seule belle place qu'on rencontre dans cette ville, est celle appelée le
Champ de bataille.

Le port de Toulon est l'un des plus sûrs de la Méditerranée; la rade est spacieuse
et environnée de montagnes qui la mettent à l'abri des tempêtes. Plusieurs forts,
des feux croisés dans divers sens en défendent l'entrée, qui est très-étroite, ce qui
augmente encore sa sûreté. Le fort Lamalgue, construit sur le bord oriental du
port ; le fort de l'Aiguillette, bâti par Louis XIV ; la tour de Balaguier, et la

grosse tour, bâties par Louis XII et François Ier., complètent la défense du port et de la rade. Du côté de la terre la ville est aussi très-fortifiée. Lorsqu'elle fut prise par le connétable de Bourbon, en 1524, elle était presque sans défense; mais en 1707, quoique ses fortifications ne fussent pas dans l'état où elles sont aujourd'hui, elle résista au prince Eugène, l'un des plus habiles généraux du dernier siècle, qui l'assiégeait par mer et par terre. Occupée par les Anglais, en 1793, à la faveur des troubles révolutionnaires, elle ne put résister à l'impétuosité des Français, qui la reprirent d'assaut, quoique les Anglais fussent maîtres de la mer. Obligés de l'abandonner, ces derniers incendièrent l'arsenal et une partie de la flotte : heureusement on les poursuivit de si près, qu'ils n'eurent ni le temps, ni le pouvoir de faire tout le mal qu'ils auraient voulu. Malgré toutes les précautions qu'on y prend, Toulon a été souvent ravagé par la peste, accident assez fréquent dans tous les ports de la Méditerranée, à cause du commerce habituel des habitans de ces contrées avec le Levant et la côte d'Afrique.

C'est du port de Toulon que sont parties les différentes escadres qui, sous le commandement des d'Estrées et des Duquesne, pendant le règne de Louis XIV, ont forcé les Génois et les puissances barbaresques à craindre et à respecter le pavillon français. C'est une flotte sortie du port de Toulon qui remporta la brillante victoire de Messine, qui coûta la vie au célèbre Ruyter. C'est de ce port que partit l'armée qui, sous les ordres de Richelieu, fit, en 1756, la conquête de l'île Minorque : époque à laquelle la Galissonière força le pavillon anglais à déployer ses voiles pour prendre chasse. C'est encore une armée provençale sortie du port de Toulon, qui, en 1778, sous les ordres de d'Estaing, fit briller le pavillon français sur les côtes de la Nouvelle-Angleterre, et vainquit Byron, à la vue de la Grenade, après avoir enlevé cette île l'épée à la main. C'est enfin de Toulon que quatre cents navires partis en 1798, débarquèrent une puissante armée dans des contrées où, depuis Saint-Louis, les Français n'avaient point pénétré.

On ne trouvera pas déplacé ici, je l'espère, la description du lever du soleil sous le beau ciel de la Provence, que M. Bérenger a imprimée dans ses Soirées provençales.

« Si le jour est tranquille et pur, si aux approches de l'aurore, vous sentez la
» fraîcheur de la rosée et l'émanation balsamique des plantes parfumées qui cou-
» vrent nos montagnes, partez long-temps avant le lever du soleil : courez, hâtez-
» vous ; jamais vous n'avez vu, jamais vous ne reverrez, avec le même plaisir, le
» grand, le sublime spectacle qui va se découvrir à vos yeux. Que n'ai-je à le
» contempler encore pour la première fois de ma vie ! quoiqu'il soit toujours nou-
» veau, toujours auguste, je sens cependant que la surprise ajoute à l'enchantement,
» et l'on ne répand qu'une fois ces précieuses larmes d'attendrissement et d'admi-
» ration que les grands sentimens nous arrachent.

LA RADE DE TOULON.

Vue de la Campagne dans l'Ouest S. O. du Port.

» Oserai-je vous retracer ici la magnificence et l'ensemble de ce grand tableau ?
» Prêtez-moi vos couleurs, peintres de la nature, sublime Thompson, Kleist,
» Fénélon, Rousseau, dignes admirateurs de ces pompeux prodiges, aussi grands
» que vos génies, aussi purs que vos âmes. Et toi, chantre harmonieux du soleil,
» formé à l'école des anciens et de nos grands modernes, toi qui m'appris à con-
» naître la nature! Reyrac, inspire à ma plume ces expressions fortes et neuves,
» justes et brillantes, habilement créées et heureusement rajeunies, que le vrai
» connaisseur a su remarquer dans tes poétiques descriptions.

» L'aube blanchit les airs, l'étoile de Vénus commence à pâlir; un vent doux
» et frais souffle de l'orient ; le coq matinal chante au loin dans les fermes, et les
» oiseaux recommencent à gazouiller amoureusement parmi les bosquets. Un par-
» fum délicieux exhalé de mille aromates, semble composer un encens qui monte
» vers le maître de la nature. L'éclat du jour augmente, les nuages légers qui
» couronnent la mer au fond de l'horizon, se colorent d'un rouge tendre et d'un
» or pâle, dont les teintes harmonieusement fondues et dégradées, viennent
» mourir au zénith des cieux, encore voilés d'un sombre azur vers l'occident ; les
» progrès de la lumière sont rapides. L'astre qui les lance à grands flots, avance à
» pas de géant : il est aux portes du jour ; mais l'œil impatient ne le découvre pas
» encore, toutes les couleurs sont enfin ressorties du néant, l'espace est inondé
» d'immenses nappes de feu ; les nuages, rares et presque dissipés, brillent des plus
» éblouissans reflets. Je cherche avec inquiétude le point de l'horizon d'où le so-
» leil va détacher son cercle d'or. Quel moment ! douce attente ! le cœur palpite
» de volupté ; le regard est fixé au milieu des flots. L'éclat rouge et tremblant des
» cieux brille et scintille sur la face des ondes légèrement agitées. Tel est dans un
» large fourneau le bronze mis en fusion par une flamme ardente et vivement ré-
» fléchie sur la matière étincelante et liquide. Enfin....... un point de feu paraît......
» s'élance, s'agrandit, et le char radieux du père de la vie est tout entier suspendu
» sur l'abime resplendissant. Homme ! prosterne-toi devant cette brillante image
» de la Divinité! adore la bienfaisance éternelle, inépuisable de cet astre fidèle à
» féconder, embellir, éclairer ton séjour ! Terre ! tressaille d'allégresse ! les seuls re-
» gards de ton époux vont darder dans ton sein la fécondité ; sa chaleur lance le
» rajeunissement et la joie dans tes profondes entrailles. Les coteaux richement
» vêtus de pourpre, les plaines couvertes d'un or flottant, les prés émaillés de
» fleurs, et parés de leurs vastes draperies, s'empressent d'étaler à tes yeux les
» fruits innombrables de ce grand hymen de la nature. Et toi, mer vaste, mer
» immense ! que tes vagues frémissantes se plaisent à multiplier l'image du soleil !
» tes monstres échauffés par ses feux, bondissent de plaisir sur ta surface bouillon-
» nante, et les coquillages flottans, les nations des dorades argentées, et les rougets

» reluisans, empourprés de tes feux, sont plus richement habillés au fond de tes
» abîmes, que les rois de l'Inde au milieu de leurs palais somptueux. »

Nous finirons cet article par une chanson provençale, sur l'air : *Avec les jeux*
dans le village.

L'ERBO recassavo l'eigagne
Qu'estournedo Amour lou matin,
E lou ventoule dei mountagno
Venies descoundoun ei jardin ;
La flour qu'amo tant sei caresso,
N'attendie queou per s'espandi ;
Can Tircis que vei sa mestresso
Cour din sei bras, et piei ei di.   (*Bis.*)

Ja qu'un souleou din la naturo
E tu, Margarido, n'as dous :
Caou vei teis iu sen la blessure
De nostei jouven amourous :
Jeou n'ai paouso ni sesido
Din moun minage, à toun entour.
Soufrirai doun touto ma vido,
E soufrirai doou maou d'amour ?   (*Bis.*)

O qu'uno fiio es malurouso,
Can l'amour ven la coursegca !
Margarido qu'es amourouso
Desiro e cren de s'engagea.
Lou galan, que saou lestincanco,
Plouro e piei toumbo a sei ginoun :
Touto fiieto que balanco
Se desfen plu que de plugoun.   (*Bis.*)

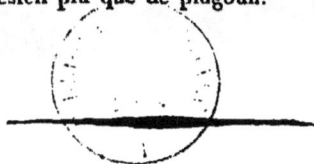

LE PORT D'ANTIBES.

Vu de la Campagne du côté de l'Ouest.

ANTIBES.

ᴀɴᴛɪʙᴇs, *Antipolis*, ville située dans le département du Var, à six lieues de Nice, est fort ancienne. Elle est citée par Strabon, Tacite et Pline, sous le nom d'*Antenopolis*. Strabon nous apprend qu'elle fut fondée par les habitans de Marseille, comme nous l'avons déjà observé à l'article de cette dernière ville. Les Romains s'étant emparé d'Antibes, en firent une place d'armes, et y construisirent plusieurs fortifications, dont il reste encore deux tours carrées, fort belles. L'une de ces tours fait aujourd'hui partie du château où demeure le commandant : l'autre tient à l'église paroissiale.

On remarque sur plusieurs des pierres employées à la construction de ces tours, des preuves évidentes qu'elles ont servi antérieurement encore à d'autres édifices, que le temps, ou la guerre, calamités aussi destructives l'une que l'autre, auront anéantis. On remarque sur l'une de ces pierres, dit M. Vaysse, une inscription bien conservée, remarquable par son objet : c'est un hommage offert par la reconnaissance des habitans, envers Septentrion, jeune danseur, qui avait été assez heureux pour les amuser par son talent. Il n'existe pas en France, dit le même auteur, qui a beaucoup voyagé, de tour de construction romaine mieux conservée.

Si les antiquités de Nîmes nous donnent l'idée des spectacles sanglans qui faisaient les délices des descendans de Romulus ; si celles d'Orange et de Saint-Remi *nous* mettent à portée d'admirer le grandiose de leurs triomphes, et leur reconnaissance envers leurs concitoyens qui ont honoré la patrie : Antibes nous rappelle parfaitement leur manière de fortifier leurs villes de guerre. On y a découvert depuis peu de temps de faibles vestiges d'un monument de construction romaine, qu'on suppose être ceux d'un théâtre. Autrefois les habitans d'Antibes étaient renommés pour la pureté avec laquelle ils parlaient la langue grecque.

Antibes est bien fortifié ; le port, très-abrité par l'élévation du mole qui l'entoure, est assez bien défendu par un fort construit sur le roc, qui s'élève en face dans la mer, et à très-peu de distance. Le mole, supporté par des arcades, donne à ce port, comme dit Millin, l'air d'une naumachie. D'une forme presque ronde, d'environ treize cents mètres de circonférence, il ne peut contenir qu'un petit nombre de navires tirant peu d'eau, étant encombré dans différentes parties par la vase.

Cette ville a environ cinq mille habitans : elle était autrefois le siége d'un évêché, que le pape depuis longues années a transféré à Grasse, à cause des descentes et des fréquens pillages auxquels elle était exposée de la part des Maures d'Afrique et d'Espagne. La ville d'Antibes soutint, en 1746, un siège vigoureux, lors de l'irruption de l'armée autrichienne et anglaise en Provence.

Son territoire est fertile en fruits excellens, en huiles et en vins. Elle fait un grand commerce de ces denrées, et sur-tout de ses fruits, qu'elle fait sécher, ainsi que le poisson assez abondant dans ses parages : ses anchois sont renommés pour leur préparation.

Il existe, à un grand quart de lieue d'Antibes, l'une des plus belles, des plus grandes et des plus sûres rades de la Méditerranée, appelée le Gourjan ou le Gourgen. Cette rade, qui a deux mille cinq cents toises de capacité et seize brasses de profondeur, est formée par l'île de Sainte-Marguerite et le cap de la Garoupe. Sur le plateau du cap on a élevé autrefois une tour carrée, avec une chapelle, connue sous le nom de Notre-Dame de la Garde d'Antibes.

LE PORT DE BASTIA.

Vu du côté de l'Est.

BASTIA,

CAPITALE DE L'ISLE DE CORSE.

BASTIA est la capitale de l'île de Corse. Nous croyons intéressant pour nos lecteurs de nous étendre un peu sur toute l'île en général.

L'île de Corse, anciennement appelée par les Grecs *Kirnos* et *Korsis*, est située entre les quarante-unième et quarante-troisième degrés de latitude septentrionale, et les vingt-sixième et vingt-huitième degrés de longitude, vis-à-vis la côte de Gênes, du côté du nord; de celle de l'île de Sardaigne, au midi, et de l'Espagne à l'ouest. Il existe une carte très-détaillée de cette île, publiée en trente-cinq feuilles, en 1769, par Julien, et beaucoup d'autres moins considérables, par J. Vogt, Renier, Josué Ottens, Jaillot, Bellin, le Rouge, etc. D'après toutes ces cartes, cette île a environ trente-trois lieues de long sur douze de large. Une chaîne de montagnes assez élevées partage l'île en deux parties dans sa longueur, en commençant au golfe Porto, et finissant à la tour Solinzara.

Cette île est très-fertile, même dans ses montagnes, si nous en exceptons la crête, couverte de neige une grande partie de l'année; cependant elle n'est pas très-cultivée, et en desséchant des lacs et des marais qui nuisent à sa salubrité, on la rendrait encore plus productive. L'île de Corse est très-riche en bois de construction, ce qui devient très-utile pour le port de Toulon. On y cultive avec succès le bled, le lin, la vigne. Mais la culture des oliviers est en général celle qui est la plus suivie et qui rapporte davantage. Bosvel dit que même avant la révolution, on avait exporté de cette île jusqu'à deux millions cinq cent mille livres pesant d'huile. Les châtaignes y sont très-abondantes, ainsi que les figues, les oranges et les citrons. On y fait aussi un grand commerce de fruits secs. On commence aujourd'hui à cultiver la vigne avec plus de soin, et la manière de faire le vin et l'huile s'est aussi améliorée.

Les pâturages de la Corse sont généralement assez gras, aussi les bestiaux y sont-ils nombreux, sur-tout les chèvres, nourriture habituelle de ses habitans. On y trouve aussi des chevaux, des mulets, des ânes, des bœufs, des vaches, des moutons et des brebis ; ces dernières ont pour la plupart quatre et quelquefois jusqu'à six cornes. L'on a découvert dans les montagnes de cette île, des mines de cuivre, de fer, de plomb et même d'argent, et on a commencé à en exploiter quelques-unes.

L'île forme un seul département : sa population est aujourd'hui d'environ cent soixante-quinze mille ames. En 1740, elle n'était que de cent vingt mille trois cent quatre-vingts personnes, suivant le dénombrement qui en fut fait cette même année, qui fixa le nombre des villages à quatre cent vingt-sept, et celui des paroisses à trois cent trente-trois. Les villes principales de l'île de Corse sont Bastia, qui aujourd'hui en est la capitale, Nebbio, Calvi, Corté, Alleria, Ajaccio et Saint-Boniface.

Les Génois chassèrent, en 806, les Sarrazins de l'île de Corse, dont ceux-ci avaient expulsé les Romains. Dans le onzième siècle, les Pisans s'en emparèrent mais ils la rendirent le siècle suivant. En 1420, Alphonse, Roi d'Arragon, tenta vainement de s'en emparer. En 1453, le gouvernement de l'île et ses revenus furent cédés à la banque de St.-George ; mais en 1465, les directeurs de la banque la rendirent au duc de Milan. Quelques années après, les Génois, ne voulant plus reconnaître l'autorité de ce prince, l'île rentra sous celle de la banque.

En 1533, les Français s'emparèrent de la plus grande partie de la Corse, mais vingt-six ans après ils la restituèrent par le traité de Cateau-Cambrésis. Les Corses ayant tenté, en 1564, de secouer le joug des Génois, ceux-ci les réduisirent à l'obéissance cinq ans après ; mais depuis cette époque, ils conservèrent contre la nation génoise une haine mortelle, que le temps ne fit qu'accroître. Cette haine fut motivée par la tyrannie que ces derniers exercèrent contre eux, tyrannie que les autorités faibles rendent ordinairement encore plus insupportable.

Les Génois dépouillèrent les plus anciennes maisons de l'île de tous les privilèges de la noblesse, de manière qu'aujourd'hui il n'en reste plus un seul vestige. Ils exclurent les Corses de toutes les charges ecclésiastiques et militaires, leur interdirent toute espèce de commerce, les forçant de leur donner à vil prix le produit de leurs sueurs et de leur industrie, et leur faisant payer fort cher les objets qu'ils leur vendaient. Tandis qu'ils laissaient impunis les homicides et les bandits qui infestaient l'île, ils punissaient avec la dernière rigueur la moindre faute qui pouvait blesser leur amour propre ou leur autorité, jusqu'à mettre à feu et à sang des cantons entiers. Ajoutant à toutes ces vexations celles d'énormes impôts, que souvent les gouverneurs rendaient encore plus pesans par leur cupidité. Les Corses, poussés à bout, commencèrent à s'insurger vers 1726. Trois ans après, ayant été soumis à de nouvelles taxes, ils offrirent de les payer, si, pour compensation, on voulait leur permettre de recueillir leur sel, qu'on les forçait d'acheter à Gênes ; sur le refus du gouvernement génois, ils prirent les armes, secourus clandestinement par quelques puissances étrangères.

La république de Gênes, trop faible pour les ramener à l'obéissance, eut recours à l'Empereur; ce prince lui ayant prêté quelques troupes auxiliaires, le calme se rétablit en 1733, par sa médiation : il obtint même quelque adoucissement à leurs maux. Mais à peine les troupes impériales eurent-elles évacué l'île, que les vexations et l'insurrection recommencèrent. En 1735, les mécontens dressèrent un nouveau plan de gouvernement indépendant des Génois, et l'année suivante ils se choisirent pour Roi un certain baron Théodore de Neuhoff, originaire du comté de la Marck en Westphalie, homme assez mal famé.

Le nouveau Roi s'amusa à créer un ordre de chevalerie, et à faire battre monnaie, ce dont il avait grand besoin; mais la matière lui manquant, il quitta son royaume pour en aller chercher chez l'étranger. La république obtint des secours de la Cour de France, et une partie de l'île fut encore pacifiée. Ce calme dura jusqu'après le départ des troupes françaises, qui eut lieu en 1741. Théodore étant revenu, en 1743, avec quelques secours qu'il s'était procurés à Londres, les troubles devinrent plus sérieux que jamais. Alors Théodore, craignant pour sa personne sacrée, retourna à Londres, où, criblé de dettes, il mourut dans une prison.

Tandis que par les secours de la France, les Génois se soutenaient encore sur les côtes, les Corses, dans le centre de l'île, se maintenaient dans l'indépendance. Pascal Paoli, l'un de ces hommes rares, auxquels il ne manque qu'un grand théâtre pour acquérir une grande réputation, s'était mis, en 1755, à la tête d'un gouvernement démocratique régulier; il était venu à bout de discipliner, non-seulement les soldats corses, jusqu'alors indisciplinables, mais même la nation entière; convaincu que l'instruction seule peut élever une nation à un rang distingué, il institua une Université, favorisa les sciences, fonda des lois et réussit à les faire observer; enfin, il eut le rare talent de se faire aimer, et celui de se faire obéir. Les difficultés insurmontables que Paoli présenta aux Génois, trop faibles pour les vaincre, malgré les secours auxiliaires de la France, les détermina, en 1768, le 15 mai, à céder cette île à cette puissance.

L'armée que M. le comte de Vaux y conduisit, mit bientôt les Corses hors d'état de se défendre; Paoli, après quinze ans d'un gouvernement paternel, s'étant retiré en Angleterre, où il mourut le 15 février 1807, la nation se soumit. De l'époque de la réunion de la Corse à la France, date la prospérité de cette île; l'instruction, la culture, le commerce ont fait des progrès si considérables et ont tellement augmenté sa splendeur, qu'on doit espérer beaucoup plus encore pour l'avenir, sur-tout si la nation peut sortir enfin de l'apathie dont elle a peine à se dépouiller.

On avait rappelé, dans une certaine circonstance, mais à faux, pour dépriser les Corses, que les Romains n'en voulaient pas même pour leurs esclaves. Cet éloignement des Romains à cet égard, ne venait pas de leur mépris pour cette nation estimable à beaucoup d'égards, mais à son éloignement, à son horreur même pour l'esclavage. Les Corses n'ont jamais voulu s'y soumettre ; non-seulement on ne pouvait les vaincre sur cet article, mais encore on les a vu très-souvent se donner la mort, afin de s'y soustraire.

Napoléon est né dans cette île, à Ajaccio, le 15 août 1759.

BASTIA.

BASTIA, qu'on croit être l'ancienne ville de *Mantinum*, ou *Mantinorum oppidum*, est la capitale de la Corse, et le siége du département, celui d'un Tribunal civil de première Instance, et en même temps Cour criminelle. Cette ville, située sur le penchant d'une montagne, est en général assez mal bâtie. L'Académie qui existait à Bastia, et qui avait été supprimée, est rétablie depuis plusieurs années. Quoique les fortifications de cette ville ne soient pas très-considérables, elle soutint un siège assez vigoureux en 1748, contre les Autrichiens et les Piémontais stipendiés des Génois, qui furent obligés de le lever. Trois ans avant, elle avait été bombardée par les Anglais.

Le port de Bastia est petit, et n'a point assez d'eau pour y recevoir les gros bâtimens. Le commerce de cette ville, dont cependant la population est de onze mille trois cents âmes, n'est pas très-brillant.

LA BASSE TERRE.

Ile de la Guadeloupe.

ISLE DE LA GUADELOUPE.

CETTE île, l'une des Antilles du vent, est formée de deux parties séparées par un canal de vingt à quarante toises de large, connu sous le nom de Rivière salée, laquelle n'est navigable que pour des pirogues. Elle est située entre les seizième et dix-septième degrés de latitude méridionale, et environ au soixante-quatrième de longitude. La partie qui donne son nom à l'île entière, autrement la Basse-Terre, située à l'ouest, est hérissée dans son centre d'affreux rochers, où il ne croît que d'inutiles arbustes et quelques fougères. Au milieu et au sommet de ces rochers, s'élève à perte de vue, la soufrière, espèce de volcan, qui exhale par diverses ouvertures une épaisse et noire fumée, mêlée d'étincelles visibles pendant la nuit.

La Guadeloupe était inoccupée par les Européens, lorsque cinq cent cinquante Français, conduits par Duplessis et Loline de Dieppe, abordèrent à la Basse-Terre, le 28 juin 1635. Dépourvus de vivres et ne se contentant pas de ceux que les Caraïbes, paisibles habitans de cette île leur apportaient, ils voulurent les leur enlever de vive force. Ceux-ci, ne pouvant résister aux armes des Européens, n'écoutant que leur indignation et leur désespoir, incendièrent leurs habitations, détruisirent leurs vivres et se retirèrent à la Grande-Terre et dans les îles voisines, d'où repassant de nuit dans la partie occupée par leurs ennemis, se cachant dans l'épaisseur des forêts, dans les creux des rochers, ils perçaient avec leurs flèches empoisonnées, ou assommaient avec leurs casse-têtes, les malheureux que l'espoir de trouver quelques touffes d'herbes, ou quelques animaux sauvages, éloignait de leur camp.

Une horrible famine fut la suite de cette guerre d'extermination, dont, il faut le dire, les Européens furent les provocateurs. Cette famine fut si cruelle, que les tombeaux même ne furent pas à l'abri de ses horreurs. Plusieurs des colons qui avaient été esclaves à Alger, maudirent la main qui avait brisé leurs fers! Cependant en 1640, la paix s'étant rétablie avec les sauvages, par l'entremise et sous le gouvernement d'Aubert; le renfort de quelques nouveaux colons venus d'Europe et des îles voisines ayant apporté des secours à ces infortunés, la culture commença à s'établir; mais les dissentions de ses habitans, les excursions des pirates, et la préférence que les planteurs, les négocians, et même le gouvernement donnèrent à la Martinique, retardèrent beaucoup sa prospérité.

Cette préférence fut cause qu'en 1700 la population de la Guadeloupe ne montait encore qu'à trois mille huit cent vingt-cinq blancs, trois cent ving-cinq mulâtres, nègres ou Caraïbes libres, et six mille sept cent vingt-cinq esclaves. Soixante sucreries très-médiocres, soixante-six indigoteries, beaucoup de coton, un peu de cacao, furent le fruit de soixante ans de travaux. A cette époque trois mille six cent quatre-vingt-dix-neuf bêtes à cornes, et mille six cent vingt bêtes à poil, formaient tout le bétail de l'île.

Après la paix d'Utrecht, les vues des Français s'étant portées avec activité sur les colonies, la prospérité de cette île s'accrut tellement, qu'en avril 1759, lorsqu'elle fut conquise par les Anglais, la population y était montée à neuf mille six cent quarante-trois blancs, et à quarante mille cent quarante esclaves. Le nombre des cultures et celui des bestiaux s'étaient augmenté dans la même proportion.

La perte de cette île, très-sensible pour la France, fut pour ses habitans une époque de prospérité. Les Anglais, convaincus des avantages que pouvaient leur rapporter la possession de cette précieuse colonie, s'empressèrent de lui procurer toutes les denrées, que l'affaiblissement de la marine française les avait empêché de recevoir depuis les hostilités. Cet empressement et la concurrence qui s'établit, ayant bientôt répandu dans l'île une abondance à laquelle elle n'était pas accoutumée, bientôt les cultures y furent portées à un état de prospérité jusqu'alors inconnu. Dix-huit mille cinq cent vingt-un esclaves que les conquérans y introduisirent pendant les quatre années qu'ils en restèrent en possession, accrurent encore cet état florissant.

La Guadeloupe, rentrée sous la domination française, par le traité de Versailles, de 1763, conserva cette opulence. Jusqu'alors elle avait été subordonnée au gouvernement de la Martinique : dès-lors elle obtint une administration indépendante, qu'on lui retira en 1768, qu'on lui rendit en 1772, et que depuis on lui a ôtée et rendue plusieurs fois; variations aussi fatales à la prospérité d'une colonie, qu'à la consistance d'un gouvernement.

La Désirade, Marie-Galande, et les trois petites iles des Saintes, situées à peu de distance de la Guadeloupe, en sont les annexes. En 1777, suivant Reynal (1), la population de cette île et de ces mêmes annexes, se montait à douze mille sept cents blancs, mille trois cent cinquante nègres ou mulâtres libres, et cent mille esclaves; ses troupeaux consistaient en neuf mille deux cent vingt chevaux et mulets, quinze mille sept cent quarante bêtes à cornes, et vingt-cinq mille quatre cents moutons, chèvres et porcs; cet état d'opulence doit être beaucoup augmenté aujourd'hui, d'autant mieux, qu'à cette époque il existait encore dans l'île beaucoup de terres en friches. La Guadeloupe produit du sucre, du café, de l'indigo, du coton, du cacao, et autres denrées; prise par les Anglais en 1810, elle a été restituée à la France lors de la restauration.

La ville de Basse-Terre, défendue par un assez bon fort, a un port d'un accès assez facile; elle est la capitale de l'île.

_____

(1) Histoire philosophique de l'établissement des Européens dans les deux Indes.

LA MARTINIQUE.

Cette île, d'environ quinze lieues de long sur quarante-cinq de tour, est située entre les quatorzième et quinzième degrés de latitude méridionale, et les soixante-troisième et soixante - quatrième degrés de longitude. De nombreux ruisseaux découlant des montagnes qui dominent la partie du centre, la rendent en général très-fertile. Ce fut en 1635 que Denambuc vint de Saint-Christophe y établir une colonie française. Ayant eu la précaution de choisir les colons parmi des hommes déjà acclimatés dans ces parages, cet établissement ne tarda pas à prospérer. L'accord fait avec les premiers habitans de cette île ayant été rompu par les empiète-mens continuels des nouveaux venus, qui agrandissaient journellement leurs cultures, et les naturels du pays ayant voulu s'y opposer, il s'ensuivit une guerre d'extermination.

Les Caraïbes massacrés ou expulsés, suivant le malheureux usage pratiqué dans le Nouveau-Monde par toutes les nations, ayant laissé le champ libre aux nouveaux possesseurs, la colonie devint en peu de temps assez florissante. Cet état prospère ayant excité la cupidité des Anglais et des Hollandais, donna lieu aux habitans de manifester leur courage contre ces deux nations; en 1674, lorsque Ruyter lui-même vint inutilement attaquer cette île, et en 1693, lorsque les Anglais y furent repoussés. La culture du tabac et du coton fut le premier objet auquel les colons se fixèrent; ils y joignirent bientôt celles du rocou et de l'indigo. Enfin vers 1650, celle du sucre commença. L'usage du chocolat étant alors assez général en France, d'Acosta transplanta à la Martinique la semence du cacao. Cette branche de culture étant devenue par suite très - productive, et par conséquent très-générale, les habitans y vivaient dans l'aisance, lorsqu'une saison intempestive vint, en 1727, détruire l'espérance des cultivateurs, en faisant périr tous les cacaotiers. Deux rejetons de cafier apportés l'année précédente du Jardin royal des Plantes de Paris, à la Martinique, devinrent pour ses habitans l'ancre du salut.

Nous ne pouvons passer sous silence, à cette occasion, le beau trait de M. Declieux, nommé gouverneur de cette île en 1723, chargé du transport de ce précieux dépôt. L'eau étant venu à manquer sur son vaisseau, ce philantrope partagea avec ses arbustes la petite quantité qui lui en était accordée. Par ce généreux sacrifice il parvint à sauver l'un de ses casiers qui, par ses soins, se multiplia en peu de temps avec une telle rapidité, que quelques années après cette plante devint une mine d'or pour cette colonie, l'ayant distribué gratis aux colons, à l'époque du désastre de l'ouragan. Ce vertueux citoyen jouit près de cinquante ans de l'estime et de la reconnaissance des colons qu'il avait enrichis, et de la considération due aux bienfaiteurs de l'humanité : il en attend aujourd'hui une statue.

La Martinique joint aux avantages de ses riches cultures, ceux d'excellens ports, où les navires sont à l'abri des ouragans dévastateurs qui affligent en quelque sorte périodiquement ces parages. En 1700, la population de la Martinique ne consistait encore qu'en six mille cinq cent quatre-vingt-dix-sept blancs, cinq cent sept nègres, mulâtres ou Caraïbes libres, et quatorze mille cinq cent soixante-six esclaves. Les troupeaux consistaient en trois mille six cent soixante-huit chevaux et mulets, et en neuf mille deux cent dix-sept bêtes à cornes. On comptait à cette époque cent quatre-vingt-trois petites sucreries, neuf indigoteries, et quelques plantations en café, cacao et coton.

Après le traité d'Utrecht, la prospérité de cette colonie fut très-rapide : plus de vingt années de paix consécutives contribuèrent puissamment à ses progrès. Elle fut pendant long-temps l'entrepôt général du commerce de toutes les îles. C'était à la Martinique que les négocians d'Europe apportaient leurs denrées, et c'était aussi là qu'ils venaient chercher celles des îles voisines. Ses liaisons avec la Louisiane, le Canada, son commerce interlope avec la Trinité, l'Amérique espagnole et Portorico, portèrent cette île au plus haut degré de prospérité et de splendeur. Tant d'heureuses opérations l'avaient enrichie à un tel point, que douze millions de numéraire y circulaient avec une inconcevable rapidité. L'immensité de son commerce amenait annuellement dans ses ports deux cents bâtimens des ports de France, trente du Canada, quinze de la côte de Guinée, dix ou douze de la Marguerite et de la Trinité, indépendamment des navires anglais et hollandais qui s'y glissaient en fraude. Ici n'est pas comprise la navigation particulière des colons aux côtes septentrionales du nouvel hémisphère, et à celles de l'Amérique espagnole, consistant en cent trente bateaux de vingt à soixante-dix tonneaux chacun.

La guerre de 1744 vint interrompre le cours de cette prospérité; cependant l'activité des Martiniquais ne se ralentit pas; en moins de six mois, quarante corsaires armés à Saint-Pierre furent répandre la terreur dans les îles anglaises, en interceptant leurs bâtimens. Des prodiges de valeur, dignes de ceux des premiers flibustiers, distinguèrent souvent ces intrépides armateurs, et amenèrent dans l'île un immense butin. Mais tous ces succès ne purent balancer la perte qu'occasionnait la cessation du commerce, et par conséquent l'accumulation des denrées qui ne trouvaient plus de débouchés; le manque de beaucoup d'objets de première nécessité, qui ne pouvaient arriver d'Europe, les Anglais étant maîtres de la mer, augmentèrent encore le désagrément de cette situation.

Quoique la paix d'Aix-la-Chapelle eût mis un terme à une partie de ces calamités, l'abondance tarda beaucoup à renaître; d'abord la substitution des vaisseaux du régistre aux flottes espagnoles, qui détruisit presqu'entièrement le commerce interlope avec les colonies de cette nation, jointe aux vices de la nouvelle administration de cette île, en arrêtèrent les progrès. La malheureuse guerre de 1756 ne donna pas le temps à la Martinique de se refaire de ses pertes. En 1762, elle tomba au pouvoir des Anglais; restituée par le traité de paix l'année suivante, le terrible ouragan de 1766, qui vint détruire ses récoltes, déraciner ses arbres, et abattre même ses bâtimens, augmenta encore les dangers de sa situation. Il ne manquait plus à tant de calamités que celle que lui fit éprouver pendant onze années consécutives une espèce de fourmi jusqu'alors inconnue en Amérique, qui vint porter le ravage dans toutes ses sucreries. Cet insecte destructeur avait déjà tellement dévasté l'île de la Barbade, la plus productive des îles anglaises, qu'on avait été à la veille de l'abandonner entièrement.

Les colons désespérés par un fléau qui anéantissait leurs travaux et détruisait leurs espérances, votèrent dans une assemblée générale une somme de 666,000 fr. à celui qui trouverait un remède à cette calamité. Un officier nommé Desvouves, excellent cultivateur, parvint au moyen de diverses précautions, à diminuer ce fléau, et à son imitation, les autres habitans réussirent avec le temps à le détruire entièrement.

Au premier janvier 1778, la population blanche de la Martinique était de douze mille âmes : on y comptait trois mille noirs ou mulâtres libres, et environ quatre-vingt mille esclaves : huit mille deux cents chevaux et mulets; neuf mille sept cents bêtes à cornes, et treize mille cent moutons, porcs ou chèvres, composaient ses troupeaux. Deux cent cinquante belles sucreries, seize millions six cent deux mille huit cent soixante-dix pieds de café, un million quatre cent trente mille vingt pieds de cacao, et un million six cent quarante-huit mille cinq cent cinquante pieds de coton, formaient la richesse de cette île. Toutes les productions de ces divers objets réunies, furent embarquées en 1775, sur cent vingt-deux bâtimens français, et procurèrent à la colonie 19,000,000 fr.

Quoique le sol de la Martinique soit fertile, cependant la quantité de montagnes amoncelées vers son centre, enlève beaucoup de terrains aux cultures; néanmoins ces terrains sont utiles à la nourriture des bestiaux, si nécessaires à ces cultures, ainsi qu'à la subsistance des habitans. La guerre de la révolution est venue replonger la Martinique dans l'infortune et dans l'anarchie; prise par les Anglais en 1794, restituée par le traité d'Amiens, reprise encore en 1809 et rendue à la France à l'époque de la restauration, elle travaille aujourd'hui à réparer ses pertes. Espérons qu'une longue paix et une sage administration lui en procureront les moyens.

Le FORT-ROYAL de la Martinique a un port, l'un des meilleurs des îles du vent ; situé dans la partie occidentale de cette île, il est très-sûr, et les vaisseaux des autres colonies y viennent souvent passer leur hyvernage. Les débris des navires qui furent coulés à fond, à l'époque des diverses attaques des Anglais, pour rendre difficile l'entrée du port, y ont amoncelé des sables qui l'ont détérioré : cet inconvénient nécessite quelques travaux.

Le Fort-Royal, d'abord construit assez mal, a reçu de nouveaux ouvrages qui l'ont amélioré. Des souterrains creusés dans le roc, assurent, en cas d'attaque, un abri sain et sûr aux hommes et aux munitions. Ce fort avait un grand inconvénient, celui d'être dominé par les mornes du Cartouche et du Tartenson, de dessus lesquels l'artillerie ennemie pouvait plonger son feu sur le fort, le port et la ville même. Pour obvier à cet inconvénient, on a construit sur le morne Garnier, une citadelle composée de quatre bastions. Ce morne ayant au moins six toises d'élévation au-dessus de ceux du Cartouche et du Tartenson, le Fort-Royal ne peut être attaqué qu'après sa réduction.

Cette ville, la capitale de l'île, est assez bien bâtie : on y trouve des magasins de marine pour la réparation des vaisseaux. Elle a donné naissance à des hommes de mérite dans différens genres, parmi lesquels nous citerons Médéric-Louis-Elie Moreau de Saint-Méry, né au Fort-Royal le 13 janvier 1750, et mort à Paris en 1819, connu par d'excellens ouvrages sur les colonies (1), et sur-tout, par son courage comme président des électeurs de Paris au 14 juillet 1789, ainsi que par son désintéressement et une probité rare dans l'exercice des grandes places qu'il a occupées.

Le BOURG SAINT-PIERRE, situé sur la côte occidentale de l'île, est à sept lieues nord-ouest du Fort-Royal, dans une anse de forme circulaire. Ce bourg est la plus ancienne habitation de l'île.

Le CUL-DE-SAC est un autre bourg, situé à la partie orientale de cette même île.

---

(1) Lois et constitutions de l'île de Saint-Domingue, 6 vol. in-4°. Description de la même, 2 vol. in-4°. Description de la partie espagnole de la même île, 2 vol. in-8°., etc., etc.

Page 107, 4me. ligne, au lieu de 1759, lisez 1769.

Pl. 11

LE FORT ROYAL.

Île de la Martinique.

LE FORT ST. PIERRE.

Île de la Martinique

LE CUL-DE-SAC.

Ile de la Martinique

LE PORT St GEORGE.

Île de la Grenade

ISLE DE LA GRENADE.

La Grenade, la plus méridionale des îles du vent, est située au nord du douzième degré de latitude méridionale et à l'ouest du soixante-quatrième degré de longitude. Cette île, très-fertile, bien arrosée par un grand nombre de rivières, n'a que vingt-une lieues de circonférence. Les Français s'en emparèrent en 1651, et finirent par en exterminer tous les habitans, dont les derniers se précipitèrent dans la mer, de dessus un rocher escarpé, où ils s'étaient réfugiés, et qui, depuis cette époque, a pris le nom de Morne des Sauteurs, dénomination qui est en harmonie avec l'atroce conduite des fondateurs de cette colonie, et l'on peut même ajouter de presque toutes les colonies.

Un gouverneur avide et cruel, vint peu après, venger par ses exactions envers ses compatriotes, les malheureux et primitifs habitans de cette contrée. Une partie des Français ne pouvant supporter sa tyrannie, se retira à la Martinique; celle qui était restée dans l'île s'étant fait justice elle-même, et puni de mort ce misérable, à la suite d'une espèce de jugement, quitta aussi l'île, dans la crainte assez bien fondée que cette sentence ne fût pas ratifiée par le gouvernement.

Ces circonstances ayant réduit à fort peu de chose les diverses cultures de la Grenade, ce ne fut qu'à la paix d'Utrecht que cette île commença à sortir de cet état de nullité; la prospérité de la Martinique y contribua beaucoup, son commerce avec les côtes de l'Amérique ayant fait de la Grenade un lieu de relâche et une espèce d'entrepôt. Plusieurs négocians sentant les avantages qu'ils pourraient tirer des productions de cette île, y firent passer des esclaves, et y établirent des sucreries. En peu de temps les cultures de la Grenade s'augmentèrent tellement, que cette île était à la veille d'une grande prospérité, quand la guerre de 1744 vint en suspendre le cours. Elle commençait à peine à se remettre des malheurs de cette guerre, lorsque celle de 1757 vint encore les accroître, jusqu'à l'époque de la paix de 1763, qu'elle passa sous le joug de l'Angleterre.

La guerre de l'indépendance des Etats-Unis d'Amérique vint encore changer le sort de cette colonie. Le 2 juillet 1779, le comte d'Estaing, avec une escadre de vingt-trois vaisseaux de ligne, plusieurs frégates et transports, vint débarquer mille trois cents hommes à la Grenade. Le 4, à la tête de ses troupes, ce général prit d'assaut le Morne de l'hôpital, défendu par sept cent quatre-vingts hommes et trois retranchemens. La prise de ce poste, qui commandait le fort royal, fut bientôt suivie de la reddition de l'île entière. Deux jours après, l'amiral Biron ayant paru avec vingt-un vaisseaux de ligne, dans le dessein de la secourir, le comte d'Estaing remonta sur sa flotte, fut au-devant de l'amiral anglais avec quinze vaisseaux seulement, et après l'avoir battu complètement, revint à la Grenade assurer sa conquête. Malgré les grands avantages que les Français obtinrent à la paix de 1783, ils ne purent garder l'île de la Grenade, qui, par ce traité, retourna à l'Angleterre.

A l'époque de 1763, cette puissance avait mal débuté dans cette colonie. Dans l'enthousiasme de leur nouvelle conquête, les Anglais avaient acheté à des prix excessifs les plantations qu'un grand nombre de Français ne demandaient pas mieux que de leur vendre, pour se réunir à leurs concitoyens de la Martinique et de la Guadeloupe. Aveuglés aussi par l'orgueil national, ils voulurent changer les usages du pays, la manière de vivre des esclaves, et même les cultures. Ces innovations furent loin de leur réussir : les nègres se soulevèrent, on fut obligé de faire venir la force armée; il y eut du sang répandu et les cultures en souffrirent. Néanmoins, malgré d'autres troubles qui naquirent encore relativement aux discussions qui eurent lieu entre les colons et ceux qui leur avaient prêté des fonds pour leurs acquisitions et leurs améliorations, la colonie est aujourd'hui dans l'état le plus prospère, ses productions sont quadruplées et paraissent encore devoir s'accroître.

Saint-George, capitale de l'île, a un assez bon port; cette ville est jolie, bien située, et assez bien fortifiée.

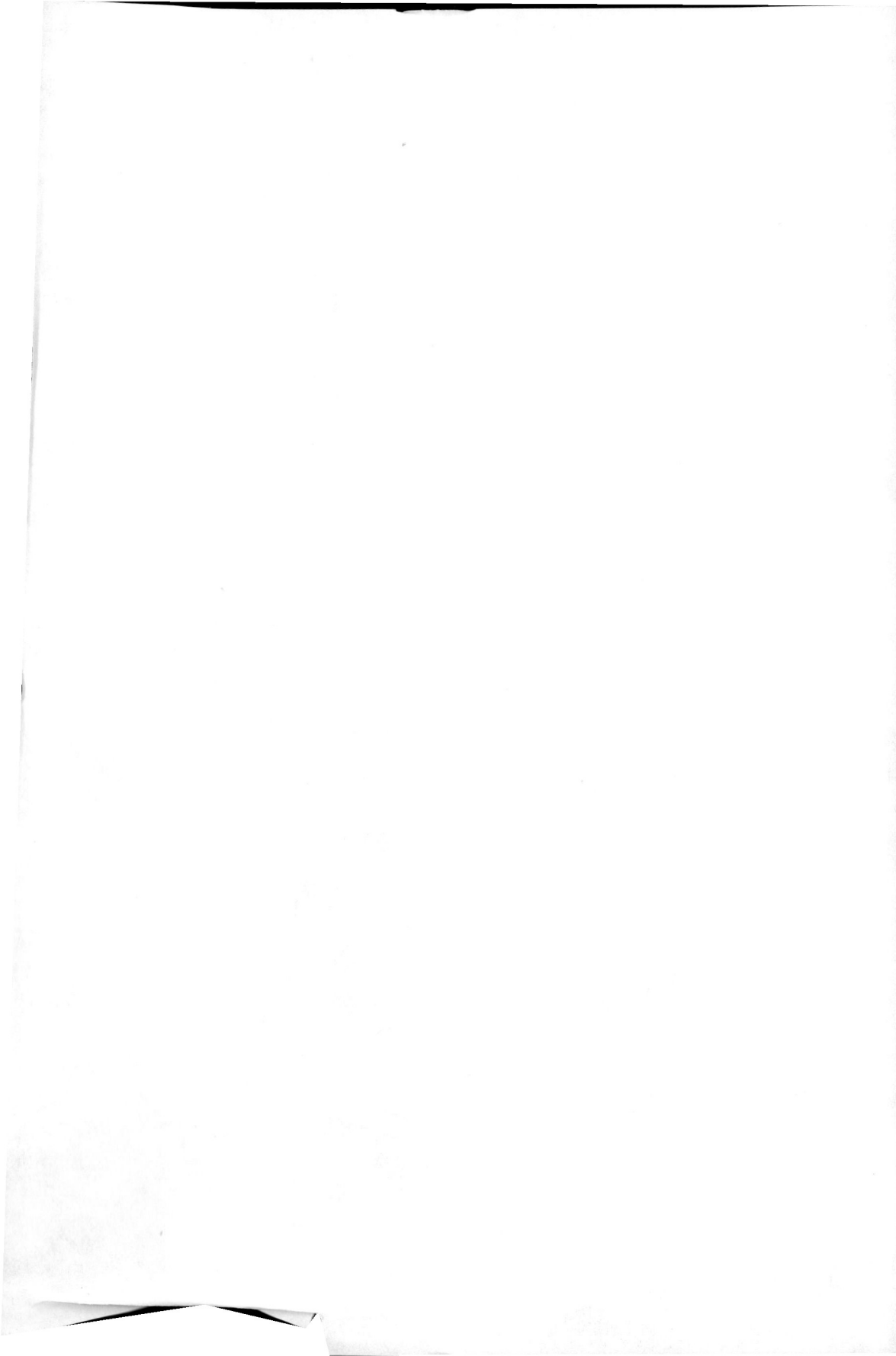

www.ingramcontent.com/pod-product-compliance
Lightning Source LLC
Chambersburg PA
CBHW072016080426
42733CB00010B/1724